Lebenszeichen
Geistliche Übungen in der Fastenzeit

Lebens-zeichen

Geistliche Übungen in der Fastenzeit

Von Cornelia M. Knollmeyer
und Evaldine M. Ketteler
im Geistlichen Zentrum Sasbach

echter

Die Deutsche Bibliothek – CIP-Einheitsaufnahme

Knollmeyer, Cornelia M.:
Lebenszeichen : geistliche Übungen in der Fastenzeit / von Cornelia
M. Knollmeyer und Evaldine M. Ketteler. – Würzburg : Echter, 2002
  ISBN 3-429-02384-X

© 2002 Echter Verlag GmbH, Würzburg
Umschlag: Uwe Jonath (Abbildung: Einzug in Jerusalem. Psalterium,
erste Hälfte 13. Jh., Univ.-Bibliothek Freiburg i.Br., Hs. 24, 13 v.)
Druck und Bindung: Clausen & Bosse GmbH, Leck
ISBN 3-429-02384-X

Inhalt

Zum Geleit

»Die ganze Welt ist ein Buch,
in dem die schöpferische Trinität
mit lesbaren Zeichen abgebildet ist.«
(José Antonio Merino)

In seinem Buch »Ursymbole und ihre Wandlung« schreibt Alfons Rosenberg, »daß es vom Menschen aus gesehen grundsätzlich zwei Weltaspekte gibt: den nützlich-zweckmäßigen des sich unaufhörlich wandelnden Lebensvordergrundes und den symbolisch-substantiellen des unwandelbaren Lebensgrundes. Die Frage nach dem Wesen des Lebendig-Schöpferischen kann niemals auf der Ebene des Zweckmäßigen beantwortet werden.«[1]

Der moderne Mensch ist in Gefahr, im Zweckmäßig-Vordergründigen aufzugehen und seine Tiefe verkümmern zu lassen. Unsere Zeit verlangt nach spiritueller Vertiefung. Diesem Anliegen dienen die Übungswege, die das Geistliche Zentrum Sasbach seit vielen Jahren zu den liturgisch geprägten Zeiten Advent und Fastenzeit herausgibt.

Der Fastenübungsweg mit dem Thema »Lebenszeichen« will Anregungen geben, das ganze Menschsein zu entfalten, den Leib als Ausdruck des Geistes und der Seele ernst zu nehmen. Es geht darum, unsere Welt in ihren vielfältigen Erscheinungsformen lesen zu lernen als Zeichen, die über das Irdische hinausweisen in ein »Jenseits, das mitten im Diesseits anwesend ist« (Dietrich Bonhoeffer). So kann der Alltag neu als Ort der Gottesbegegnung entdeckt werden.

Die Fastenzeit lädt uns ein, neu nach Lebenszeichen zu suchen und Schritte zu setzen auf dem Weg der Nachfolge Jesu Christi, der das Leben selber ist.

Joseph Sauer
Direktor des Geistlichen Zentrums Sasbach

Einführung

»Ich liebe die Zeichen«, so schreibt der Aachener Pfarrer und Schriftsteller Hans Albert Höntges. Unbefangen äußert er seine Liebe zur Kirche und erwähnt dabei vor allem ihren Reichtum an Zeichen und Symbolen, die das ganze Menschsein ansprechen: »Das berührt mich – im wörtlichsten Sinne ... Es tut mir gut zu sehen, daß in unserer Zeit Zeichen und Symbole für viele Menschen wieder mehr bedeuten, gerade für junge Menschen. Wenn wir uns etwas mitteilen, tun wir das oft mit Worten. Aber noch öfter durch Zeichen ... Auch Jesus wollte sich nicht nur in Worten mitteilen. Auf dem Höhepunkt seiner Selbstmitteilung sprach er sich in einem Zeichen aus: ›Nehmt und eßt.‹ ... Ich kann mich nicht genug freuen über dieses Zeichen seiner Nähe.«[2]

Auch unsere Welt ist eine Botschaft Gottes, ein Widerschein seiner Lebensfülle. In Zeichen und Symbolen spricht sie von der Schöpferkraft, der Dynamik, der Gemeinschaft des Dreifaltigen Gottes. Gott liebt alles Geschaffene, das in seiner Vielfalt auf die Einheit in ihm bezogen ist wie die Planeten auf die Fixstern. Wir selbst sind gleichfalls Zeichen und Botschaften Gottes. Jeder Mensch in seiner Einmaligkeit und in seiner Beziehung zu anderen Menschen und zur Schöpfung teilt etwas Besonderes von der Lebens- und Liebesfülle Gottes mit. Je mehr wir die Einladung des Dreifaltigen Gottes zur Gemeinschaft mit ihm annehmen, um so mehr wachsen wir mit ihm auch in die große kosmische Gemeinschaft der gesamten Schöpfung hinein.

Dazu werden uns in unserem kleinen Alltag Zeichen gegeben. Mit ihrer Hilfe können wir unseren Lebensweg finden. Es ist ein Übungsweg, eine Schule der Erfahrung, der Begegnung und der Wandlung. Es ist ein Weg, der uns näher zu unserer eigenen Tiefe, zur Tiefe des Seins überhaupt und zu Gott führt.

Dieser Übungsweg durch die Fastenzeit entfaltet und deutet solche Lebenszeichen.

Aufbau und Teilnahmevoraussetzungen

GRUNDVOLLZÜGE

In diesem Übungsweg werden Grundvollzüge geistlichen Lebens im Alltag eingeübt, wie

- Unterbrechen und Stillwerden
- meditatives Verweilen und Beten
- Auswertung der Tagesereignisse
- Verbindung des Glaubens mit dem konkreten Alltag

AUFBAU DER TÄGLICHEN ÜBUNGEN

Die Übungen sind stets gleich aufgebaut:

- Angabe des Tagesthemas
- Einstimmung – ganzheitliche Einübung in die Achtsamkeit
- Impulse zur Reflexion und Meditation – erschließende Texte/Bilder
- Schriftwort und Gebet – sich öffnen für die Begegnung mit Gott
- Impuls für den Tag – Übertragung des Glaubens in den Alltag

TEILNAHMEVORAUSSETZUNGEN

Die wichtigste Voraussetzung für die Teilnahme am Übungsweg ist die Bereitschaft, feste Zeiten zu reservieren und einzuhalten:

- *Täglich* Zeit für die Meditation mit Hilfe der vorgelegten Übungen und die Reflexion (S. 22).
- *Abends* Zeit für den Tagesrückblick (S. 24) und für die Vorbereitung der Meditation am kommenden Tag.

Wenn Sie den Übungsweg als Gruppe gehen:

- *Wöchentlich* Zeit für ein Treffen mit der Gruppe, um Erfahrungen auszutauschen, zu üben, zu beten ...
- Falls die Voraussetzungen dafür gegeben sind, können Einzelgespräche mit dem Gruppenbegleiter/der Gruppenbegleiterin vereinbart werden.

INHALTLICHER AUFBAU

Beginn der Fastenzeit: *Vorzeichen*
Die ersten Tage des Übungsweges sollen einstimmen in die vorösterliche Bußzeit und hinführen zu Fasten und Umkehr.

1. Fastenwoche: *Fragezeichen*
In der ersten Fastenwoche bedenken wir Grundlagen unseres Glaubens und fragen nach dem Sinn und Ziel unseres Lebens.

2. Fastenwoche: *Wegzeichen*
Die Übungen der zweiten Fastenwoche wollen sensibler machen für Zeichen auf unserem Lebensweg, die uns die rechte Richtung zeigen oder uns vor Irrwegen und Sackgassen warnen.

3. Fastenwoche: *Hoffnungszeichen*
In der dritten Fastenwoche geht es darum, exemplarisch Zeichen der Hoffnung und Hindernisse des

Wachstums wahrzunehmen, um in eine tiefere Dimension des Lebens hineinzufinden.

4. Fastenwoche: *Freundschaftszeichen*
Die Themen der vierten Fastenwoche laden dazu ein, die Zeichen der Freundschaft Gottes zu uns neu zu entdecken und aus der Freiheit der Kinder Gottes die Verbundenheit mit Gott und den Menschen zu vertiefen.

5. Fastenwoche: *Heilszeichen*
In der fünften Fastenwoche geht es um konkrete Bedingungen und Voraussetzungen dafür, daß Jesus Christus, *das* Heilszeichen in unserer Welt, immer mehr unser Leben durchdringt und wir dadurch selbst zur Heilung und Heiligung unserer Welt beitragen.

Karwoche: *Kreuzzeichen*
Die Karwoche steht im Zeichen des Kreuzes. Das Kreuz unseres eigenen Lebens, das Kreuz der leidenden Menschheit schauen wir in den Geheimnissen des schmerzhaften Rosenkranzes ineins mit dem Kreuz Christi.

Ostern: *Siegeszeichen*
Ostern feiern wir den Sieg des Lebens über den Tod, den Sieg der Liebe über Haß und Gewalt, den Sieg Christi in unserer Welt.

Übung zum Ankommen

Ich habe jetzt Zeit, Zeit zum Ankommen.
Ich habe Platz genommen und komme zur Ruhe.

LEIBFÜHLUNG

Zunächst spüre ich, wie ich sitze.
Meine Füße stehen auf dem Boden.
Ich spüre die Sitzfläche des Stuhles,
ich spüre in meine Leibmitte, pendle mich ein,
bis ich im inneren Gleichgewicht bin,
und richte mich von innen her auf.
Aufrecht sitze ich, ein aufrechter Mensch.
Meine Hände ruhen schalenförmig im Schoß.

ENTSPANNUNG DES LEIBES

Ich entspanne meine Stirn, die Augen, die Wangen,
    den Mund
und spüre, wie mein Gesicht gelöst wird.
Ich entspanne meinen Nacken, die Schultern, den
    Rumpf,
den rechten Arm, die rechte Hand,
den linken Arm, die linke Hand,
die Beine und Füße.

ATMUNG

Ich schaue meiner Atmung zu, lasse sie sein,
wie sie ist, und atme alles Belastende aus.

ENTSPANNUNG DES WILLENS

Alle Anspannung lasse ich gleichsam abfließen.
Auch allen Druck und allen Eigenwillen lasse ich los.
Ich brauche nichts darzustellen, nichts zu erreichen,
nichts zu leisten.

ENTSPANNUNG DES GEISTES

Nun entspanne ich meinen Geist.
Was heute war, lasse ich los. Es ist vergangen.
Was kommen wird, ist noch nicht.
Alles darf jetzt sein, wie es ist: meine Verfassung,
meine Gedanken und Gefühle, Menschen, Geräusche
 ...
Die Gedanken, die mir kommen, halte ich nicht fest,
ich lasse sie ziehen.
Es genügt, einfach da zu sein im Jetzt.

WACH UND OFFEN SEIN

Ich bin ganz gegenwärtig und wach.
So öffne ich mich für das Geheimnis des Lebens,
das in meiner Tiefe anwesend ist.

In Gottes Gegenwart

Nichts sonst, nur da sein,
da sein in der Gegen-wart – entgegenwarten *dem*,
der schon auf mich wartet.
Da sein in Gottes Gegenwart.
Ich halte ihm mein Leben hin, wie es ist,
und verweile vor ihm vertrauend, liebend, anbetend.

Hilfen für die tägliche Meditation

AM VORABEND

Es ist gut, die Meditationsimpulse am Vorabend durchzugehen und vorgeschlagene Hilfsmittel zurechtzulegen (z. B. Geistliches Tagebuch für Notizen, Stift ...). Aus dem Textangebot für den folgenden Tag wähle ich das aus, was mich innerlich anspricht, um es mit in die Nacht zu nehmen und es am folgenden Tag zu meditieren.

UNMITTELBARE VORBEREITUNG

Vor Beginn meiner Meditation entspanne ich mich, ich nehme wahr, wie ich sitze – im Kontakt mit der Erde, aufgerichtet zum Himmel. Ich versuche, ganz im Hier und Jetzt zu sein. Indem ich auf meine Atmung achte, werde ich zunehmend ruhiger.

VERSÖHNUNG

Ehe ich beginne, suche ich in Einklang zu kommen mit mir selbst und mit allem, was mich stört. Wenn Gott mich sein läßt, wie ich bin, darf ich mich auch so sein lassen. Ich weite mein Herz und lasse auch die anderen so sein, wie sie sind. Ich suche Versöhnung und Einheit mit meiner Familie und meinen Bekannten, besonders mit denen, die mir nicht sympathisch sind, die ich nicht mag, die mich nicht mögen. Ich suche Versöhnung und Einheit mit der Kirche, mit allen Menschen auf der Erde, mit der ganzen Schöpfung.

MICH FÜR GOTT UND SEIN WORT ÖFFNEN

Ich suche Gottes Angesicht und verweile vor ihm. Ich bitte um Offenheit für seinen Geist. Dann versuche ich wahrzunehmen, was ich in dieser Meditation ersehne, und bitte Gott, es mir zu schenken. Wenn ich die Texte nicht am Vortag gelesen habe, beginne ich sie langsam zu lesen, um darin die Botschaft Gottes für mich zu hören. Sobald ich mich innerlich angesprochen fühle, verweile ich und lese nicht weiter. Ich versuche, ganz still und behutsam dabei zu bleiben, selbst wenn ich dadurch nur einen Bruchteil der vorgegebenen Texte lese. Denn »nicht das Vielwissen sättigt die Seele, sondern das Verkosten der Dinge von innen her« (Ignatius von Loyola).

GOTT SELBST BEGEGNEN

Ich versuche, vom Wort, das mir nahegeht, zum Sprecher des Wortes – zu Gott – zu finden: »Erkenne in Gottes Wort Gottes Herz« (Gregor der Große). Ich bin auch eingeladen zu antworten. Wie mit einem Freund darf ich mit Gott sprechen und mich ihm anvertrauen. Am Ende bete ich langsam – Satz für Satz – ein Gebet, das mir lieb ist, z. B. das Vaterunser. Zum Schluß rufe ich mir ins Gedächtnis zurück, was mich angesprochen und innerlich bewegt hat, und schreibe es kurz in mein geistliches Tagebuch, um auf Gottes Führung in meinem Leben besser einzugehen. Die Anregungen zur Reflexion nach der Meditation können mir dabei helfen (siehe Seite 22).

WIEDERHOLEN

Wenn die Meditation sehr intensiv war, wiederhole ich sie am nächsten Tag. Die Übung des betreffenden Tages kann ich auslassen oder später nachholen.

IMPULS FÜR DEN TAG

Es ist hilfreich, auf einem Zettel den Impuls für den Tag zu notieren, ihn an einen gut sichtbaren Platz zu legen oder in der Tasche griffbereit zu haben.

WIDERSTÄNDE

Ich sollte mich darauf gefaßt machen, daß sich im Laufe der Zeit Widerstände einstellen, vielleicht in Form von Ärger, Abwehr, Ermüdung, Kritik ... Gerade wenn etwas Gutes in uns wachsen will, werden Versuchungen nicht ausbleiben.

Reflexion nach der Meditation

In der Meditation spricht Gott mich in besonderer Weise an und gibt mir Weisungen, die mir auf meinem Lebensweg helfen. Deshalb ist es nicht nur wichtig, auf Gott zu hören und ihm zu antworten, sondern das Erkannte auch festzuhalten und zu verwirklichen. Da Gott mich stetig führt, werde ich, wenn ich seine Anregungen sorgsam beachte und ausführe, eine Linie, einen roten Faden, entdecken; denn Gott begleitet uns Schritt für Schritt hinein in seinen Geist der Freiheit, der Liebe, des Vertrauens, des Friedens, der Wahrheit und Gerechtigkeit.

Wo aber Gott am Werk ist, da taucht auch der Widersacher auf, der irreführen und Gottes Wege und Werke behindern, verdunkeln und schließlich vernichten will. Auch auf diesen Geist muß ich achthaben.

In der Reflexion nach der Meditation geht es darum, meine Erfahrungen, meine geistige Gestimmtheit wahrzunehmen und aus ihnen zu lernen. Die Ergebnisse dieser Reflexion zeigen oft wie unter einem Vergrößerungsglas, was auch sonst mein Leben bestimmt. Ich frage mich:

- Wo war ich, wenn ich nicht bei Gott oder seinem Wort war?
  (Die Zerstreuungen geben oft Hinweise darauf, was mir wichtiger ist, was mich fesselt und entfremdet.)
- Wo spürte ich Einklang mit Gott?
  (Da bin ich in seinem Willen, auf seiner Spur.)
- Was empfinde ich jetzt, nach dem Gebet, für ihn?
  (Gottes Handeln an mir hinterläßt einen positiven »Nachgeschmack«, der sich auswirkt in vermehrter Kraft, in Frieden, Güte, Nächstenliebe ...)

Schließlich frage ich mich, ob ich die Zeit eingehalten, mich um äußere und innere Stille bemüht habe, ob ich achtsam war auf Gottes Leben und Bewegen in mir. Um seine stetige Führung wahrzunehmen und ihr folgen zu können, schreibe ich kurz auf, was mir wichtig ist.

Tagesrückblick und Auswertung

Wenn ich im Geist Jesu leben möchte, bietet der Tagesrückblick eine besondere Chance. Um die Erfahrungen des Tages auszuwerten, sehe ich mir meine »persönliche Tagesschau« an: Negativerlebnisse lassen sich verwandeln in positive Lebensmöglichkeiten, und positive Erfahrungen können in mir die Haltung der Freude und Dankbarkeit verstärken. Wenn ich den Tag im Glauben betrachte und dann Gott übergebe, kann ich frei von Schuld, Sorge und Angst einschlafen; denn Jesus trägt meine Last mit. Und ich kann den kommenden Tag wie ein neues Leben aus Gottes Hand entgegennehmen.

1. ICH MACHE MIR BEWUSST, DASS GOTT DA IST

- Ich lasse mir Zeit, bis ich »da« bin.
- Ich darf vor Gott sein, wie ich bin.
- Ich bitte ihn, in seinem Geist den Tag anschauen zu können, vorurteilsfrei, gelassen, liebend.

2. ICH SCHAUE MIR DEN TAG AN

- Stunde um Stunde lasse ich vor meinem inneren Auge vorüberziehen und nehme mir Zeit, einzelnes, was mir wichtig war, genauer anzuschauen oder aber bei einer »Kleinigkeit« zu bleiben, die mir etwas sagt.
- Dabei dürfen Gedanken, Empfindungen, Widerstände, Gefühle, auch körperliche Reaktionen (wieder) aufsteigen, z. B. Dankbarkeit, Freude, Ärger, Unsicherheit, Angst ...

3. ICH LASSE MICH DURCH DIE WIRKLICHKEIT VON GOTT
FORMEN

- In dem, was geschieht, was ich erlebe und wie ich es
  erlebe, wirkt Gott an mir. Deshalb spüre ich den Bewegungen, den Gefühlen und Ahnungen in mir
  nach, ob sie auf lange Sicht zu mehr Hoffnung,
  Glauben und Liebe, d. h. zu mehr Einklang mit mir
  selbst und meinen Mitmenschen, zu mehr Frieden
  in Gott führen.
- In gleicher Weise frage ich nach Bewegungen, die in
  die Richtung von Dunkelheit, Verwirrung, Hoff-
  nungslosigkeit, Egoismus führen, um sie abzuwei-
  sen.

4. ICH BITTE UM DIE KRAFT, MICH FÜR DAS ZU
ENTSCHEIDEN, WAS IN DIE RICHTUNG GOTTES FÜHRT

- Für alles, was Gott mir geschenkt hat, sage ich
  Dank und bitte ihn, mich mit allem und allen zu
  versöhnen und mir am kommenden Tag einen
  neuen Anfang zu schenken.

5. ICH NOTIERE, WAS ICH MIR MERKEN MÖCHTE

Übungen in der Fastenzeit

Vorzeichen

»Meine Arbeit wächst mir über den Kopf: meine große Familie, dazu das ganze Haus mit dem Garten, die Kinder, die mich unaufhörlich fordern … Ich weiß, ich könnte die Arbeit besser organisieren. Ich könnte es leichter haben mit moderneren Haushaltsgeräten, aber es fehlt mir einfach die Zeit, die Sache anzugehen …«

»Eingeschnürt in die Zwangsjacke des Naheliegenden« (Dag Hammarskjöld), verlieren wir die Freiheit, das zu verwirklichen, was wir zutiefst wollen. Die momentan drängenden Dinge fordern unser Handeln heraus und erzwingen sich in unserem Alltag den Vorrang vor dem langfristig gesehen Wichtigeren, vor dem Grundsätzlichen.

Die Fastenzeit ist eine Zeit besonderer Gnade, eine Chance zu Einkehr und Umkehr.

Zeit verlieren, um Leben zu gewinnen; Geringeres aufgeben, um Größeres empfangen zu können; sich aus dem Netz der Zwänge lösen, um das Geheimnis des Daseins tiefer zu erspüren, herausspringen aus der Angst und Hektik, um als Gottes Ebenbild in Freiheit zu leben und den eigenen Lebensraum neu zu gestalten – darum geht es in der Fastenzeit.

So spricht der Herr:
Das ist ein Fasten, wie ich es liebe:
Die Fesseln des Unrechts zu lösen,
die Stricke des Jochs zu entfernen, …
Wenn du der Unterdrückung bei dir ein Ende machst,
dem Hungrigen dein Brot reichst …,
dann geht im Dunkel dein Licht auf,

und deine Finsternis wird hell wie der Mittag.
Der Herr wird dich immer führen,
auch im dürren Land macht er dich satt
und stärkt deine Glieder.
Du gleichst einem bewässerten Garten,
einer Quelle, deren Wasser niemals versiegt.

(Jes 58,6 ff)

Asche aufs Haupt

EINSTIMMUNG

Ich stimme mich ein mit Hilfe der Übung zum Ankommen (S. 16).

IMPULSE ZUR REFLEXION UND MEDITATION

»Am Aschermittwoch ist alles vorbei ...« Auf die Aus-
gelassenheit und das Amüsement des Karnevals folgt
ein starker Kontrast – der Aschermittwoch: Aufruf zur
Buße, Fasten und das Kreuz aus Asche. Asche gilt von
alters her als Zeichen der Vergänglichkeit. »Die Gestalt dieser Welt vergeht« – auch unser irdischer Leib;
wir werden daran erinnert, daß Gott uns mit einer
hinfälligen, sterblichen Natur geschaffen hat.
Asche ist aber auch durch Feuer gereinigter Erdenstoff
und daher Sinnbild der Läuterung und der Auferstehung. Einst wird die ganze Welt verwandelt und wie
durch Feuer gereinigt werden. Schon jetzt bedürfen
wir immer wieder der Erneuerung und des Heilwer-
dens an Leib und Seele. Der bekannte Fastenarzt Otto
Buchinger stellte einmal die Frage: »Ist nicht unsere
Kirche die eigentliche Hüterin des echten Fastens,
welches auch das Heilende in sich schließt?«
Wir spüren, daß überflüssiges Fett und Schadstoffe aus
der Umwelt den Körper belasten. Wie schnell sind wir
dabei, zuviel zu essen, zu rauchen, zu trinken usw.,
wenn Probleme uns belasten. Frust, Ärger, Langeweile, Unzufriedenheit schlucken wir mit der Nahrung
herunter und decken sie zu.

- Ich überlege, welche Strategien ich entwickelt habe, um Unliebsames zu verdrängen.

Auch die Seele nimmt ohne Unterlaß »Schadstoffe« in sich auf. Der frühchristliche Mönch Johannes Cassian (4./5. Jh.) berichtet in anschaulicher, manchmal drastischer Sprache über schädliche »Speisen des Geistes«. Er schreibt:

»Mit dem Fasten des Leibes muß das Fasten des Geistes verbunden sein. Denn auch der Geist hat seine schädlichen Speisen, und ist er durch diese fett geworden, dann kugelt er, auch ohne Überfluß an körperlichen Speisen, in den Abgrund der Üppigkeit. Fettmachende Speisen des Geistes sind:

- Zerstreuung/oberflächlicher Zeitvertreib (sehr angenehm zu essen)
- Zorn/Ärger (bereitet für Augenblicke eine höchst verhängnisvolle Befriedigung)
- Neid und Eifersucht/Rivalität und Konkurrenzverhalten (das sind vergiftende Säfte)
- Ruhmsucht/Prestige (ist eine Zeitlang ein ergötzlicher Genuß, macht aber auf die Dauer arm und steril).

Jede Neugier und alles unstete Umherschweifen des Geistes füttert die Seele mit Schadstoffen. Wenn wir uns, soviel an uns liegt, dieser Speisen durch ein besonders geheiligtes Fasten enthalten, werden wir mit Nutzen und sogar mühelos das körperliche Fasten beobachten können.«[3]

Es ist gut, zu beten und zu fasten,
barmherzig und gerecht zu sein.
(Tob 12,8)

GEBET

Mach uns unruhig, o Herr,
wenn wir über der Fülle der Dinge,
die wir besitzen,
den Durst nach den Wassern des Lebens
verloren haben;
wenn wir, verliebt in diese Erdenzeit,
aufgehört haben,
von der Ewigkeit zu träumen;
wenn wir über all den Anstrengungen
beim Aufbau der neuen Erde
die Vision des neuen Himmels
verblassen ließen.
Rüttle uns auf, o Herr,
damit wir kühner werden
und uns hinauswagen auf das weite Meer,
wo uns die Stürme deine Allmacht offenbaren,
wo wir mit schwindender Sicht auf das Ufer
die Sterne aufleuchten sehen.
(Bienvenido Tudtud)[4]

IMPULS FÜR DEN TAG

Heute überlege ich, wie ich die vorösterliche Bußzeit
nutzen will, um heil zu werden an Leib und Seele.

Sei still

EINSTIMMUNG

Ich versuche still zu werden. Dazu nehme ich mir viel Zeit.
Ich nehme wahr, wie ich mich vorfinde.

IMPULSE ZUR REFLEXION UND MEDITATION

Der Indianerhäuptling Buffalo Child-Long Lance erinnerte sich an seine Kindheit und erzählte: »Als ich ein Knabe war, mochten die Indianer nicht viel reden ... Wir saßen manchmal stundenlang im Zelt, ohne ein Wort zu sagen, und freuten uns dennoch aneinander. Das war eben unsere Sitte, und es tat uns im Inneren wohl.«[5]
Fastenzeit, Zeit zum Fasten. Das kann auch bedeuten, aus der permanenten Geräuschkulisse, aus der Flut der Informationen und der leeren Worte eine Zeitlang auszusteigen. Vielleicht machen wir dann ganz neue Erfahrungen ...
Anthony de Mello berichtet von einem vielbeschäftigten Staatsmann, der auf einer seiner Reisen einen Meister des geistlichen Lebens aufsuchte und ihn bat, ihm in Kurzfassung das Wesen der Religion zu erklären. Der Meister versprach ihm, er werde nicht viel seiner kostbaren Zeit in Anspruch nehmen und ihm sogleich Auskunft geben, und zwar in einem einzigen Wort. Gespannt erwartete der Politiker das bedeutungsvolle Wort. Es hieß: Stille.[6]
Unsere Sehnsucht nach Ruhe, nach Abschalten, nach

Urlaub ist ein Zeichen aus unserer eigenen Seele. Vielleicht mahnt sie schon lange vergeblich zur Stille.
Der Vergleich mit einem See kann etwas vom Sinn und der Wirkung der Stille veranschaulichen.

- Nur ein ruhiger See spiegelt den Himmel: Die Stille macht uns fähiger zum Aufnehmen, zum Empfangen, zum Hören.
- Ein ruhiger See läßt uns bis auf den Grund sehen: In der Stille blicken wir durch – wir entdecken unsere Tiefe, aber auch Blockaden, geheime Befürchtungen, Bestrebungen, Fixierungen und können sie bearbeiten... Das macht es zunächst schwer, die Stille auszuhalten.
- Ein unruhiger See ist unklar; kommt er zur Ruhe, klärt sich das Wasser. Die Stille klärt. Manches fällt da an seinen Platz und stört nicht länger. Wer die Stille oft sucht, eint mehr und mehr sein zerstreutes Wesen. Er nähert sich dem Grund des Seins: dem Geheimnis Gottes.

- Ich überlege, wie ich in der Fastenzeit zu mehr Stille komme
    - im Umgang mit den Medien
    - im Gesprächsverhalten in der Familie, am Arbeitsplatz ...

Wenn es in uns still wird, werden wir auch im Gebet auf Gott, auf seine leise Stimme, besser hören können.

Sei still, und höre, Israel! ...
Du wirst doch auf die Stimme des Herrn,
deines Gottes, hören.
(Dtn 27,9 f)

GEBET

Herr, ich komme nicht zur Stille.
Um mich und in mir ist zuviel Betrieb und Lärm.
Und wenn ich mich hinsetze, um still zu werden,
dann steigt die Sorge um meine Familie hoch,
der Ärger über die Nachbarin,
der Gedanke an den Einkauf und den Gang zur Bank.
Du weißt all das, Herr.
Trotzdem lädst du mich ein,
die Stille zu suchen.
So bitte ich dich einfach:
Laß mich still werden,
nur einen Augenblick.
Laß mich hören,
ob du ein Wort für mich hast.
Laß mich erfahren, daß du da bist.
Und gib mir die Kraft,
mit dir den Alltag zu bestehen.
Amen.

IMPULS FÜR DEN TAG

Heute immer wieder eine Schweigeminute einlegen.

Wenn die Welt ein Dorf wäre

EINSTIMMUNG

Ich setze mich aufrecht hin und pendle mit dem Oberkörper leicht hin und her, bis ich äußerlich und innerlich im Gleichgewicht bin.

IMPULSE ZUR REFLEXION UND MEDITATION

»Wenn die Welt ein Dorf mit 1000 Einwohnern wäre, dann lebten dort 210 Europäer, 150 Amerikaner, 85 Afrikaner und 565 Asiaten und Ozeanier. Die Hälfte des gesamten Besitzes wäre in den Händen von nur 60 Personen. 700 Menschen könnten weder lesen noch schreiben, und 500 Bewohner des Dorfes wären täglich vom Hungertod bedroht.«

So ähnlich sieht die Situation unserer Welt im Kleinformat aus. »Die westlichen Industrieländer, die von einem Viertel der Weltbevölkerung bewohnt werden, beanspruchen drei Viertel der natürlichen Lebensressourcen für sich. Statt unseren verschwenderischen Lebensstil zugunsten der ärmeren Länder zu vereinfachen, errichten wir gleichsam Mauern um uns, um unseren Wohlstand abzusichern« (Jan Bots).[7]

* Ich lasse die Situation auf mich wirken.
* Ich sehe den Gedanken und Gefühlen zu, die in mir aufsteigen: Hilflosigkeit, Selbstrechtfertigungen, Widerstreben, Gefühle von Ohnmacht, Zorn oder Schuld ...
* Ich bringe mein Denken und Fühlen vor Jesus.

Unsere Welt schreit nach Veränderung, damit das »ganze Dorf« menschenwürdig leben kann. Wir aber überlegen, forschen und planen fortwährend, um unsere persönlichen Ziele zu erreichen. Wir streben nach Erfolg, Sicherheit, Ansehen, Reichtum, Gesundheit, Glück, ewiger Jugend und wer weiß was sonst noch alles. Liegt darin wirklich ein Fortschritt für unsere Welt? Der verstorbene Bischof Klaus Hemmerle sagte einmal:

»Daß das Potential der Liebe wachse, ist die einzige Rechtfertigung aller Werke und Taten, ist der einzige Fortschritt, der zählt. Wachstum ohne Wachstum der Liebe ist Wachstum zum Tode ... Das gilt für alle Bereiche des menschlichen Lebens. Das gilt für den kleinen Alltag und die große Politik. Das gilt für den Dienst am Nächsten und an der Gesellschaft.«[8]

• Ich spüre nach, worum es mir in meinem Leben immer wieder geht.

Aber, so denken wir meistens, was kann der einzelne, was kann ich schon tun? Liegt die Misere nicht an unserer Gesellschaft, ist nicht das Milieu schuld, versagt nicht die Kirche, müßte nicht der Staat eingreifen und die Verhältnisse ändern, sollten nicht die armen Völker selbst aktiv werden? Sind wir nicht hilflos angesichts der Ausbeutung und ungerechten Güterverteilung?

Der Mensch, der sich seiner Verantwortung bewußt geworden ist und sie wahrnimmt, weiß, daß er Freiheit zum Handeln hat. Wir können als einzelne zwar nicht die Welt retten, aber wir können im Rahmen unserer Möglichkeiten Verantwortung übernehmen.

Die Ursachen des Hungers in der Welt sind heute nicht mehr auf die Natur oder das Schicksal zurückzuführen, sie liegen vorwiegend im Herzen der Menschen. Als Christen haben wir eine Hoffnung: Wenn *wir* umkehren und Gott als Vater erkennen, der alle Menschen liebt, werden wir alle Menschen als Schwestern und Brüder annehmen. Geschwister teilen miteinander, weil sie sich verwandt und füreinander verantwortlich fühlen.

Jesus ruft uns zur Umkehr des Herzens auf. Er verschweigt uns nicht, worauf es am Ende ankommen wird:

Was ihr für einen dieser Geringsten nicht getan habt, das habt ihr auch mir nicht getan.
(Mt 25,45)

GEBET

Herr Jesus Christus,
immer mehr Menschen bewohnen die Erde
und suchen Lebensraum, Arbeit und Brot.
Immer enger rücken wir zusammen.
Du willst, daß alle Menschen
in gegenseitiger Liebe
die Güter der Erde gebrauchen und teilen.
Mach unser Herz weit
für unsere Schwestern und Brüder überall auf der Erde.
Mach uns fähig und bereit,
an einer Welt mitzubauen, deren Mitte du selber bist.

IMPULS FÜR DEN TAG

Ich überlege, wie ich meine Verantwortung für die Armen konkret werden lassen kann, z. B. im Fasten, im Verzicht auf überflüssige Konsumgüter, um das Ersparte weiterzugeben, in einem bewußt einfachen Leben aus Solidarität mit den Armen.

Zum TÜV

EINSTIMMUNG

Ich nehme meine Meditationshaltung ein und versuche, zur Ruhe zu kommen. Ich spüre, wo ich noch angespannt bin, und lockere mich. Alles darf jetzt sein, wie es ist, in mir und um mich herum.

IMPULSE ZUR REFLEXION

Viele Menschen haben Sehnsucht danach, ihr Leben in Ordnung zu bringen, in Ordnung zu sein. Unordnung oder gar Chaos verursachen Unbehagen. Die Fastenzeit eignet sich besonders, nicht nur den gewohnten Frühjahrsputz in Haus und Garten zu halten, sondern auch den persönlichen Bereich einer »Inspektion« zu unterziehen.
Ich bitte Gott, mir seinen Heiligen Geist zu senden.
Dann überlege ich und notiere am Schluß, was mir wichtig ist:

* Wenn ich so weiterlebe wie jetzt, wie sieht dann mein Leben in 5, in 10, in 20 Jahren aus?
* Wo macht sich bei mir Unordnung breit?
* Was möchte ich in dieser Fastenzeit angehen?
* Wie gehe ich vor?
* Welche Hilfen will ich in Anspruch nehmen?

»Gewohnheiten kann man nicht einfach aus dem Fenster schmeißen. Man muß sie Stufe für Stufe die Treppe herunterlocken.« *(Mark Twain)*

Ich bitte Gott, mir zu zeigen, womit ich in dieser Fastenzeit beginnen soll, und um die Kraft, das Erkannte auch zu verwirklichen.

GEBET

Gott,
du kennst mich, du weißt um alles.
Ich bin kein Engel,
aber ganz hoffnungslos ist es wohl auch nicht mit mir.
Sieh auf mein Leben.
Segne mein Mühen.
Sieh auch mein inneres Durcheinander.
Wenn du mir beistehst, kann sich alles ordnen,
was noch verworren ist.
Geh mit mir und den Meinen durch diese Zeit,
und laß es eine Zeit der Gnade für uns alle werden.
Amen.

Fragezeichen

»Meine Frau und ich: fünfundzwanzig Jahre haben wir
nebeneinander hergelebt, wir sind eine Geschichte,
von der ich nur die eine Hälfte kenne«, so endet der
Roman »Ein hinreissender Schrotthändler« von Ar-
nold Stadler.[9] Unser Leben ist voller Fragezeichen.
Was wissen wir schon von denen, die unsere Nächsten
sind? Und was wissen wir von uns selbst? Was wissen
wir mit Sicherheit über die Zukunft der Welt, über
den morgigen Tag, über den nächsten Augenblick?
Wir planen und überlegen, suchen und fragen.
Manch einer glaubt zu wissen, wo heute die Antworten zu finden sind: Es gibt ja das Internet.
»Eine Freundin bat mich um Informationen über ein
Entwicklungsprojekt in Indien ... Ich gehe ins Internet. Dann an die Suchmaschine, in die ich den Begriff
›Indien‹ einfüge. Abgeschickt. Es dauert. Schließlich
erhalte ich 3257 Einträge ...
Clifford Stoll ist amerikanischer Astrophysiker und
war lange Zeit überzeugter Nutzer des Internet. In-
zwischen ist er anderer Meinung. ›Das Wichtigste,
was wir Menschen besitzen: unsere Zeit auf dieser Erde. Sie ist begrenzt. Und wir verschwenden sie, sitzen
herum, surfen durchs Netz und – klick, klick, klick –
sind fünf Stunden vergangen.‹ Er spricht sogar davon,
daß der Mensch ›seine Seele verlieren‹ könnte. Warnt:
›Am Ende sitzt man da und fragt sich, was es einem
gebracht hat. Bin ich ein besserer Mensch geworden?
Bin ich weiser geworden? Hat es meine Persönlichkeit
vertieft? Verstehe ich besser, was die Welt zusammen-
hält?‹« (Jürgen Springer)[10]
Diese Fragen beschäftigen uns in der ersten Fastenwo-

che. Unsere Zeit eilt dahin; sie ist zu kostbar, als daß wir sie einfach vergeuden dürften. Deshalb stellen wir gerade auch an unseren Alltag die Frage: Wie kann ich sinnvoller leben? Worauf kommt es an?

Frage und forsche, suche und finde!
(Sir 6,27)

Tabu

EINSTIMMUNG

Ich beginne meine Meditation wie gewohnt. Ich lasse mir soviel Zeit, wie ich brauche, um bei mir selbst anzukommen. Die Achtsamkeit auf meine Atmung kann mir dabei helfen.

IMPULSE ZUR REFLEXION UND MEDITATION

»Gestern hat mich mein Sohn besucht; wir haben zusammen Kaffee getrunken. Scheinbar ist bei ihm alles in Ordnung. Und doch ist er oft so unruhig und unzufrieden, stürzt von einer Veranstaltung zur anderen und kommt nicht zur Ruhe. Über Gott und Kirche darf ich mit ihm nicht reden. Wenn ich es versuche, blockt er sofort ab und sagt: Also damit brauchst du mir nicht zu kommen. Das ist für mich kein Thema.«
Klemens Armbruster teilt in seinem Buch »Von der Krise zur Chance« eine ähnliche Beobachtung mit. Er bemerkt, daß in der Unterhaltung mit Menschen, die die Frage nach dem Sinn des Lebens und nach Gott aus ihrem Leben ausgeklammert haben, »etwas fehlt«. Die Gespräche »bleiben eigenartig ›leer‹ und gehen nicht in die Tiefe. Dies liegt an einer seltsamen Abwehrhaltung: Alle Themen und Alltagserfahrungen, die indirekt oder direkt die Frage ... stellen, dürfen nicht auftauchen, weil dieser Mensch darauf keine Antwort hat.« [11]
In diesem Zusammenhang erzählt er folgende Begebenheit: »In ein Mannheimer Pfarrhaus kam ein

30jähriger Mann. Er war völlig aufgelöst ... ›Ich möchte Gott kennenlernen. Jetzt – sofort!‹ Im Gespräch stellte sich folgendes heraus: Während seine Frau den Glauben lebte, hatte er sich immer mehr von Gott verabschiedet. Er hatte regelrecht den Gott seiner Kinderzeit aus seinem Leben entfernt ... So war es ihm schließlich gelungen, ohne einen Gedanken an Gott zu leben.«
Erst in der Krise bricht oft plötzlich die verdrängte Frage wieder auf. Es ist, als ob Gott selbst dabei in das Leben eingreifen würde, um dessen Enge aufzusprengen.

So spricht der Herr: Ich zertrümmere die bronzenen Tore und zerschlage die eisernen Riegel. Ich gebe dir verborgene Schätze und Reichtümer, die im Dunkel versteckt sind. So sollst du erkennen, daß ich der Herr bin, der dich bei deinem Namen ruft.
(Jes 45,2 f)

• Ich könnte dieses Schriftwort wiederholend lesen und dabei betend an die Menschen meiner Umwelt denken, die Gott aus ihrem Leben ausgeblendet haben. Gott selbst kann und will sich Zugang zu ihren Herzen verschaffen – zu seiner Zeit.

Der Mann aus Mannheim berichtet, er sei nachts plötzlich aufgewacht. »Wie ein Blitz sei es ihm durch die Glieder gefahren: ›Demnächst wird mein zweites Kind geboren. Wenn Gott nicht existiert, dann ist alles nichts, und mit dem Tod ist alles aus. Warum soll dann das Kind zur Welt kommen – nur, damit es morgen wieder stirbt? Wenn es Gott nicht gibt, herrscht der Tod. Wofür lohnen die Mühe der Geburt und die Jahre der Erziehung, wenn doch von Anfang an klar ist, daß alles wieder zu Ende sein wird?‹« Er bat den

Pfarrer, ihm behilflich zu sein, wieder zu Gott zu finden.

Ohne Gott verengt sich unser Dasein. »Wir brauchen das Evangelium, um uns den Möglichkeiten Gottes öffnen zu können, auch den Möglichkeiten, die uns unmöglich erscheinen ... Die Beschäftigung mit dem Evangelium kann uns helfen, die drohende Verengung unserer Existenz zu korrigieren und gerade das, wogegen wir uns von Natur aus und unter dem Druck der Gesellschaft wehren, mitten in unser Blickfeld zu rücken« (Jan Bots).[12]

GEBET

Herr, gib allen, die dich nicht kennen,
daß sie dich suchen.
Gib allen, die dich suchen,
daß sie dich finden,
und allen, die dich gefunden haben,
daß sie dich aufs neue suchen,
bis all unser Suchen erfüllt ist von deiner Gegenwart.
Amen.[13]

IMPULS FÜR DEN TAG

Heute immer wieder für die Menschen beten, die Gott noch nicht gefunden haben.

Vielleicht ist es wahr

EINSTIMMUNG

Ich versuche innerlich und äußerlich still zu werden.
Leib und Seele dürfen jetzt zur Ruhe kommen. Es
genügt, einfach da zu sein, achtsam, aufnahmebereit.

IMPULSE ZUR REFLEXION UND MEDITATION

Eine der chassidischen Geschichten erzählt von einem
sehr gelehrten Mann. Er hat von Rabbi Levi Jizchak
gehört und sucht ihn auf, um mit ihm über den Glauben zu streiten und ihn zu widerlegen. Als er die Stu-
be des Rabbis betritt, sieht er diesen mit einem Buch
in der Hand auf und ab gehen. Der Rabbi beachtet den
Ankömmling überhaupt nicht und geht weiter auf und
ab. Schließlich bleibt er stehen, blickt den Gast kurz
an und sagt: »Vielleicht ist es aber wahr.« Der Gelehrte erschrickt über den Rabbi und seine schlichten
Worte.
Levi Jizchak wendet sich ihm nun vollends zu und re-
det ihn gelassen an: »Mein Sohn, die Großen der
Thora, mit denen du gestritten hast, haben ihre Worte
an dich verschwendet; du hast dich nur darüber lustig
gemacht. Sie haben dir Gott und sein Reich nicht erklären können, und auch ich kann es nicht. Aber bedenke, vielleicht ist es wahr.« Der Gelehrte bietet seine innerste Kraft zur Entgegnung auf; aber dieses
furchtbare »Vielleicht«, das ihm da entgegentritt,
bricht seinen Widerstand.[14]
Vielen Christen ist der Glaube heute nicht mehr

selbstverständlich. Für manche gehört gleichsam zum guten Ton, Glaubenswahrheiten zu hinterfragen und Zweifel anzumelden. Selbst Prediger identifizieren sich heute eher mit dem ungläubigen als mit dem gläubig gewordenen Thomas.

Glaube aber besteht nicht nur im Fürwahrhalten einzelner Glaubensinhalte, sondern vor allem in der persönlichen Beziehung zu Gott. Credo, das heißt nicht nur: Ich glaube an Gott, sondern: Gott, ich glaube dir. Diese Beziehung von Person zu Person ist eine geistige – das heißt unsichtbare – Wirklichkeit, die sich weder beweisen noch widerlegen läßt. Erst wenn wir uns für Gott entscheiden, uns ihm ganz anvertrauen, kann der Glaube seine befreiende Kraft entfalten.

- Ich spüre nach, ob ich mich für den Glauben fest entschieden habe, ob ich nicht nur an Gott glaube, sondern Gott als Person vertraue.

Glaube ist »das Finden eines Du, das mich trägt und in aller Unerfülltheit und letzten Unerfüllbarkeit menschlichen Begegnens die Verheißung unzerstörbarer Liebe schenkt, die Ewigkeit nicht nur begehrt, sondern gewährt. ... Alle Inhalte, um die der Glaube kreist, sind ... Entdeckung Gottes im Antlitz des Menschen Jesus von Nazareth« (Joseph Ratzinger).[15]

- Ich versuche, mit Gott ins Gespräch zu kommen wie mit einem Freund, mit meinem guten Vater.

Der Glaube kommt vom Hören, sagt Paulus. Er kommt nicht aus unserem eigenen Sinnen und Denken. Gott selbst hat sich geoffenbart. Wenn wir uns ihm vertrauend öffnen, kann er sich uns offenbaren.

Was wir geschaut und was unsere Hände
angefaßt haben, das verkünden wir:
Das Wort des Lebens ...,
das beim Vater war und uns offenbart wurde.
(1 Joh 1,1f)

»In dem Augenblick, da ich Gott die Hand gab und ja
sagte, wurde mir der Sinn meines Lebens klar.«
(Dag Hammarskjöld)[16]

GEBET

Jesus, mein Glaube ist oft angefochten,
du kennst meine Zweifel.
Aber ich möchte an dich glauben, dir vertrauen
und mich fest für dich entscheiden.
Ich möchte meine Hand jetzt in deine Hand legen
und ja sagen.
In dir finde ich das Leben,
in dir finde ich den Vater,
in dir finde ich alles. Amen.

IMPULS FÜR DEN TAG

Heute Gott die Hand geben und immer wieder ja sagen.

49

Das Sprungbrett

EINSTIMMUNG

Ich atme durch. Ich komme zu mir. Ich bitte Gott:
Komm du zu mir.

IMPULSE ZUR REFLEXION UND MEDITATION

Ein Mann kam nach längerer Zeit in seine Heimat-
stadt zurück. Er sah viele Arbeiter an einem großen
Bauwerk beschäftigt. Er fragte einen von ihnen: »Was
machen Sie da?« und bekam zur Antwort: »Ich behaue
Steine.« Er fragte einen anderen, und der entgegnete:
»Ich verdiene hier mein Geld.« Ein dritter antwortete:
»Ich ernähre meine Familie.« Und der vierte sagte:
»Ich baue mit an einem Dom zur Ehre Gottes.«
Die Antworten machen den engen oder weiteren Be-
zugsrahmen deutlich, in dem Menschen leben und
denken. Der erste Arbeiter schaut über seine augen-
blickliche manuelle Tätigkeit nicht hinaus. Der zweite denkt an das Ergebnis seiner Tätigkeit, das Geld.
Der dritte sieht über seine Person hinaus auf seine Familie, für die er Verantwortung trägt. Der vierte hat eine universelle Perspektive; er betrachtet seine Arbeit
als Mitwirkung an einem großen Werk, dessen Bedeutung das Irdische überragt.

• Wie sehe und erfahre ich meine alltägliche Arbeit?

Die Wirklichkeit lädt uns ständig ein, unseren Be-
zugsrahmen zu erweitern. Durch die Entwicklung von

Wissenschaft und Technik gehen uns immer größere Zusammenhänge auf. Die Medien lassen uns die weite Welt aus nächster Nähe erleben. Die Welt ist wie eine große Stadt, die Menschheit wie eine einzige Familie geworden.

Wenn wir darüber hinaus den Sprung in die geistige, unsichtbare Wirklichkeit des Glaubens wagen, dann ist das ein größeres Wagnis als der Sprung vom Zehnmeterbrett ins Schwimmbecken. In unserer Welt kennen wir uns aus; in der Welt des Glaubens sind wir immer wieder wie Analphabeten.

Damit der Sprung in den Glauben gelingt, reicht Jesus uns seine Hand; er selbst ist gleichsam unser Sprungbrett. Mit ihm können wir immer neu in die je tiefere Dimension des Glaubens springen.

• Ich spüre nach, ob ich jetzt glaube, daß Jesus da ist, daß das Himmelreich ganz nahe ist.

Das Leben mit Jesus »überfordert den natürlichen Menschen immerfort ... Aber Gott hat dem Menschen nicht nur die unsichtbare Hilfe der Gnade zu diesem Sprung angeboten, sondern, da er sichtbarer Mensch wurde und die sichtbare Kirche gründete, auch die Fülle sichtbarer Hilfe, wie sie in den Organen und Funktionen der Kirche ihm zugänglich sind: das Amt und den es bekleidenden Menschen, die Heilige Schrift als faßbares Wort, die Sakramente als bestimmte Formen und Gefäße der Heilsbegegnung von Mensch und Gott, die Tradition, um sich auch an der Vergangenheit ausrichten zu können, das Beispiel der Heiligen und aller lebendig glaubenden Mitchristen, die festgefügte Ordnung des Kirchenjahres, das den Glaubenden aufnimmt und sanft von Geheimnis zu Geheimnis führt: lauter Stützen und Geländer, um ihn zu einem Absprung von allen Geländern zu erzie-

hen und einzuüben ... Nun ist es klar, daß ... wer
Angst hat vor dem Sprung des Glaubens, alle Hilfs-
mittel des Sprungs als Deckungen der Angst gegen den
Sprung verwenden wird« (Hans Urs von Balthasar).[17]

• Was hindert mich vielleicht noch, den Sprung in
  den Glauben ganz zu wagen?

Mit meinem Gott überspringe ich Mauern.
(Ps 18,30)

GEBET

Einmal habe ich es gewagt, im Schwimmbad auf den
Zehn-Meter-Turm zu steigen, um zu springen. Ich
stand am Rand des Sprungbretts und hatte Angst. Ich
sprang nicht.
Ja, Herr, ich habe Angst, mich fallenzulassen.
Ich habe Angst, ins Leere zu fallen,
wenn ich mich dir überlasse.
Woher weiß ich, daß du mich auffängst?
Herr, mein Vertrauen auf dich ist schwach.
Herr, ich möchte dir glauben, hilf meinem Unglauben!
Amen.

IMPULS FÜR DEN TAG

Heute an der Hand Jesu neu den Sprung in den Glauben wagen.

Die Welt retten

Ich setze mich und komme zur Ruhe. Ich schließe die Augen und pendle ein wenig hin und her, bis ich im inneren Gleichgewicht bin. Erst wenn ich bereit bin, beginne ich zu lesen.

IMPULSE ZUR REFLEXION UND MEDITATION

Einmal ging ein junger Mann zu einem Rabbi, um ihn zu fragen: »Was kann ich tun, um die Welt zu retten?« Er erhielt zur Antwort: »Du kannst genauso viel dazu tun, wie du zum Sonnenaufgang am Morgen beitragen kannst.« »Ja, aber was helfen dann all meine Gebete und guten Taten?« fragte der junge Mann. Der Rabbi entgegnete ihm: »All das hilft dir, wach zu sein, wenn morgens die Sonne aufgeht.«[18]
Unser hektisches Denken, Planen, Reden, Agieren kann die Welt nicht retten. Es ist schon interessant, daß sich nachts, wenn wir schlafen, von selbst unsere Kräfte erneuern, ja sogar manche Probleme lösen. Wenn wir selbst im Lot sind, wird unser Handeln wie von selber »in Ordnung«, gut und hilfreich sein.

• Ich überlege, was mir helfen kann, wacher und aufmerksamer zu leben.

Die bekannte Ordensfrau Ruth Pfau berichtet: »Bei einem Empfang wurde ich nach den Schwierigkeiten gefragt, vor denen ich als Lepraärztin in Pakistan stehe.

Ich sprach vom rapiden Anwachsen der Großstadt Karachi. Dort verdoppelt sich die Einwohnerzahl alle zehn Jahre. Da fragte der junge Mann: ›Welches Konzept haben Sie denn, um die Landflucht zu verhindern?‹ Ich antwortete: ›Um Himmels willen! Ich bin doch nicht verantwortlich für das Anwachsen der Großstädte in der Dritten Welt. Ich bin verantwortlich dafür, daß sich in Karachi die Leprabekämpfungsmaßnahmen alle zehn Jahre verdoppeln.‹«[19]

- Wo wende ich für Probleme große Worte und Emotionen auf, ohne daß jemand davon Nutzen hat?

Nicht alles, was gut ist, können und sollen wir tun, sondern nur das, wozu Gott uns ruft. Die Kirche und auch die Menschheit ist wie ein großer Organismus, in dem jede/r eine spezifische Aufgabe hat.

Ihr seid der Leib Christi, und jeder einzelne ist ein Glied an ihm.
So hat Gott in der Kirche die einen als Apostel eingesetzt, die andern als Propheten, ferner verlieh er die Gaben, Krankheiten zu heilen, zu helfen, zu leiten ...
(1 Kor 12,27 f)

Es kommt darauf an, daß jeder Mensch an seinem Platz seine Aufgabe ganz erfüllt.

- Wofür kann und soll ich konkret Verantwortung übernehmen?

»Es ist uns nicht versprochen worden«, so Ruth Pfau, »daß am Ende der Welt die vollkommene innerweltliche Harmonie stehen wird. Es ist uns gesagt, daß die Welt in der Katastrophe endet. Daß aber selbst die Katastrophe nicht das letzte Wort sein wird. Das letzte

Wort wird die Liebe sein. Trotz allem und in allem sind die Christen der Welt dieses Zeugnis gelassener Hoffnung schuldig. Und es ist kein naiver Optimismus, wenn wir so leben, wie die Menschheit immer schon im Angesicht aller Bedrohung hat leben müssen. Wenn morgen der Jüngste Tag anbräche, würde er heute ein Apfelbäumchen pflanzen, hat Martin Luther gesagt. Wie könnte das ›Apfelbäumchen-Pflanzen‹ aussehen? Eben, daß wir in unserer kleinen Welt um uns den kleinen Frieden schaffen, der in unserer Hand liegt und die Vorbedingung für den großen Frieden ist« (ebd.).

GEBET

Herr, ich bitte dich um ein waches Herz,
damit ich erkenne,
was ich nach deinem Willen tun soll.
Laß mich meinen Dienst mit ganzem Einsatz tun.
Und laß mich darauf vertrauen,
daß du die Welt rettest,
ja, schon gerettet hast.
Mach mich und uns alle bereit,
mitzuarbeiten an deinem großen Erlösungswerk.
Amen.

IMPULS FÜR DEN TAG

Universal denken und beten – hier und jetzt lieben und handeln.

Sinn erfahren

EINSTIMMUNG

Ich beginne mit der Übung zum Ankommen (S. 16).

IMPULSE ZUR REFLEXION UND MEDITATION

»Katholisch? Das wäre für mich das Letzte.« Nicht wenige Menschen haben unseren Glauben im Zerrbild von Griesgrämigkeit, Gleichgültigkeit, Enge oder Zwang erlebt. Was Jesus denen verheißt, die ihm folgen, klingt ganz anders: Da ist die Rede von »Erlösung«, »Frieden«, »vollkommener Freude«, von »Leben in Fülle«, allerdings durch das Kreuz hindurch. Viele Menschen erfahren von dieser Freude und Erlösung, von dem Leben in Fülle nichts. Gebet und Gottesdienst sind mühsame, oft vernachlässigte Pflicht oder gar Last. So wirkt ihr Glaube angefochten und kraftlos.

Die Leiterin der Katholischen Akademie Berlin, Susanna Schmidt, hat sich durch manche Dunkelheiten zu einem glaubensfrohen Leben durchringen müssen. Sie schreibt: »Das Leben ist aber oft kariert, weiß und schwarz. Die Frage: ›Wozu mache ich das?‹ oder noch grundsätzlicher: ›Wozu bin ich auf der Welt?‹ wird dann unausweichlich. Erst nach der letzten Verzweiflung erscheinen der Glaube an Jesus Christus und eine große Dankbarkeit für das eigene Leben als Alternative ... Erst daraus entspringen nach meiner Ansicht alle Aufgaben, Vorsätze und Verantwortung, die wahrzunehmen ich auf der Welt bin.«[20]

Ihr Glaube an Gott erschließt ihr den Sinn ihres Lebens. Aber sie glaubt nicht an irgendeinen Gott, sondern an den Gott Jesu Christi, der uns Vater ist und uns in seiner Barmherzigkeit durch seinen Sohn erlöst hat, so daß wir als seine Kinder Anteil haben dürfen an seinem Leben in Fülle. »Wenn Gott ein guter Gott ist, wie wir Christen es glauben, dann kann es keinen *Zweck* unseres Lebens geben – außer der Freude am Leben, außer dem freien Lob Gottes. Solche Freude empfinden zu können, vielleicht hin und wieder in ihr auszuruhen, ist ein großes Glück« (ebd.). Die Frage lautet nun: Wie finden wir zu diesem Glück? Entscheidend ist, nicht nur an Gott, sondern an den *guten* Gott zu glauben.

• Ich erspüre, ob ich glauben kann, daß Gott es immer gut mit mir meint, ob dieser Glaube mein Leben prägt, so daß ich gelegentlich auch »in der Freude an Gott ausruhen« kann.

Der Herr, dein Gott, ist ein barmherziger Gott.
Er läßt dich nicht fallen und gibt dich nicht
dem Verderben preis.
(Dtn 4,31 f)

Wenn wir den Glauben an den guten Gott durchhalten bei Enttäuschung, Mißerfolg, in Mühsal und Leid, wird der Glaube zu einer Kraft, aus der Liebe, Dankbarkeit und Freude entspringen. Dann kann es geschehen, daß sich die Frage nach dem Sinn des Lebens gar nicht mehr stellt, weil das Leben als sinnerfüllt erfahren wird, auch und gerade in schwierigen Situationen. Der Apostel Paulus sieht die Widrigkeiten des Lebens nicht als Zeichen des Untergangs, sondern als »Geburtswehen«, als Vorzeichen neuen Lebens. Wenn wir für den guten Gott und mit ihm leben, löst sich so manche bange Frage. Selbst das Warum bei einem schweren Schicksalsschlag kann den betenden Menschen in das tiefe Vertrauen führen: Vater, du weißt warum.

GEBET

Herr, ich glaube fest,
daß du es gut mit mir meinst.
Darum sage ich:
was du willst,
wie du willst,
weil du willst,
wann du willst,
solange du willst.
Denn du bist mein Vater. Amen.

IMPULS FÜR DEN TAG

Heute an den guten Gott glauben – und *erfahren*: das ist sinnvoll, das gibt dem Leben eine neue Tiefe, Gelassenheit, Wärme und Zuversicht.
Heute Menschen Gutes tun – und *erfahren*: das ist sinnvoll, »denn die Freude, die wir geben, kehrt ins eigene Herz zurück«.

Der tiefste Sinn

EINSTIMMUNG

Ich komme zur Ruhe, indem ich lange auf das Bild[21] schaue.

- Ich betrachte die Einzelheiten des Bildes:
  den Baumstumpf – wie geöffnete Hände, darin die
  Rose, die dem Licht entgegenwächst, das Licht, das
  das Dunkel erhellt ...
- Ich schließe die Augen und sehe das innere Bild:
  mein Leben, ein Wachsen unter dem Licht der Gnade, ein Wachsen in die Liebe Gottes.

Roger Schutz schreibt: »Darin liegt der Sinn deines Lebens: geliebt zu sein, für immer, geliebt in Ewigkeit, damit du deinerseits grenzenlos liebst. Ohne die Liebe, wozu leben?
Von nun an ist nichts schlimm ..., es sei denn, wir verlieren die Liebe ... Wirst du dich zu diesem Weg hinführen lassen? Auf die Gefahr hin, dein Leben aus Liebe zu verlieren, wirst du für die Menschen Christus leben? ... In den Tiefen des Menschseins, wo keiner dem anderen gleicht, dort wartet Christus auf dich. Dort ereignet sich das Unerwartete. Strahlend zieht die Liebe Gottes vorüber, der Heilige Geist durchquert wie ein Blitz jeden Menschen in seiner Nacht. Bei diesem Vorübergang ergreift dich der Auferstandene, er belädt sich mit allem, er nimmt alles auf sich, was unerträglich ist.«[22]

Ich bin es, ja, ich, der euch tröstet ...
Warum vergißt du den Herrn, deinen Schöpfer? ...
Im Schatten meiner Hand habe ich dich verborgen.
(Jes 51,12 ff)

Gott, ich habe viel über den Sinn meines Lebens nach-
   gedacht.
Heute glaube ich:
daß du mich liebst, macht mein Leben sinnvoll,
sinnvoll für dich, sinnvoll für mich.
Herr, mach mich fähig,
dich zu lieben und die Menschen,
die dir so kostbar sind.

IMPULS FÜR DEN TAG

Heute einfach in Liebe da sein für Gott und die Menschen.

Rückblick auf die Woche

EINSTIMMUNG

Ich setze mich aufrecht hin und lasse meinen Atem und meine Gedanken zur Ruhe kommen.

Damit ich die Zeichen, die er mir in dieser Woche gegeben hat, sehen und verstehen kann, bitte ich Gott um Hilfe.

ICH SCHAUE MIR DIE VERGANGENE WOCHE AN

Ich gehe meine Notizen durch und versuche dann die folgenden Fragen zu beantworten:

- Warum ging es mir in dieser Woche gut oder nicht so gut?
- Wie können diese Geistlichen Übungen noch besser gelingen?
- Was war mir in dieser Woche am wichtigsten?
- Wenn ich genügend Zeit habe, bin ich zu einer kleinen Imaginationsübung eingeladen: Ich stelle mir einmal vor, Jesus käme jetzt zu mir und würde mich fragen: »Sag mal, wie ist es dir in dieser Woche ergangen?« Ich schließe die Augen und lasse die Frage bei mir ankommen. Dann antworte ich.

ICH NOTIERE, WAS ICH BEHALTEN MÖCHTE

GEBET

Manchmal lebe ich, lebe dahin,
lebe auch ohne Dich.
Gebet und Arbeit, alles in Ordnung.
Nichts Auffälliges, alles läuft weiter ...
Manchmal beginne ich, mit Dir zu sprechen,
ganz leise ...
Ich lasse mich finden,
Du findest den Weg bis in die Mitte
und flüsterst mir zu:
»Der Friede sei mit Dir.«

(Kurt Weigel)[23]

Wegzeichen

Eine Menge Schuhe habe ich in meinem Leben getragen, angefangen von den rosa Babypantoffeln über die Kinderschuhe in ständig zunehmender Größe, die flotten Turnschuhe, die ich in meiner Jugend gern getragen habe, natürlich neben den eleganten Stöckelschuhen meiner Tanzstundenära, den Birkenstöcken meiner Studentenjahre bis hin zu den soliden Sportschuhen, wie ich sie heute gerne trage.

Wie viele Schritte habe ich gemacht, wie viele Ziele verfolgt, wie viele Wege bin ich gegangen ...

Wir sind unterwegs. Als Pilger und Fremdlinge ziehen wir durch die Zeit und suchen wie Abraham das Gelobte Land: Glück, Erfolg, Ansehen, das Leben in größerer Fülle. Wir alle, das ganze Volk Gottes, die Kirche, die Menschheit, ziehen über die Straßen dieser Welt, durch die Räume der Geschichte, der Kulturen, über Höhen und Tiefen zum Ziel unserer Reise. Letztlich suchen wir – ohne uns dessen bewußt zu sein – den Urquell des Lebens selbst, Gott.

Unser Lebensweg ist keine Irrfahrt, weil Gott selbst mit uns unterwegs ist. Seine Liebe geht uns voraus und folgt uns nach; er gibt uns Zeichen auf unserem Weg.

In der zweiten Woche des Übungsweges sind wir eingeladen, aufmerksam zu werden, um die Zeichen, die Gott uns im Schilderwald unserer modernen Welt gibt, sehen und deuten zu lernen: die »grüne Ampel«, die Umleitungen, die Sackgassen, den freundlichen Mitmenschen ... – Zeichen, die uns helfen, unseren Weg ins Gelobte Land zu finden.

Zeige mir, Herr, deine Wege, lehre mich deine Pfade!
...
Gut und gerecht ist der Herr,
darum weist er die Irrenden auf den rechten Weg.
Die Demütigen leitet er nach seinem Recht,
die Gebeugten lehrt er seinen Weg.
Alle Pfade des Herrn sind Huld und Treue.

(Ps 25,4.8–10a)

Zeichen und Wunder

EINSTIMMUNG

Ich brauche jetzt nur dies zu tun: mich einfinden, tief durchatmen, zur Ruhe kommen, verweilen unter Gottes liebendem Blick.

IMPULSE ZUR REFLEXION UND MEDITATION

»Wenn ich über meinen Lebensweg nachdenke, bin ich immer wieder erstaunt, wie viele kleine Zeichen und ›Wunder‹ es da gab. Zur rechten Zeit tauchten in meinem Leben immer die ›richtigen‹ Menschen auf, die meinen Weg entscheidend beeinflußt haben. Manchmal habe ich – ich weiß nicht, warum – ein Buch aufgeschlagen, und es kam mir genau das Wort entgegen, das ich brauchte. Ich glaube nicht, daß das alles Zufall ist. Ich muß aber auch sagen: Es gab Enttäuschungen und Krisen. Wie oft habe ich mich und andere über- oder unterschätzt. Doch ich vertraue, daß auch das Schwere für mich richtig und wichtig war« (Doris K.).

Ich bin eingeladen, mein Leben darzustellen als Weg im Glauben:

Ich nehme Stifte und ein großes Blatt Papier und zeichne eine Linie, einen Weg, meinen Glaubensweg, mit seinen Höhen, Tiefen, Wendepunkten, Umwegen, Wüsten, Oasen, Gotteserfahrungen ... Dabei kann ich links und rechts des Weges Zeichen anbringen, z. B. ein Haus, Kirchen, Städte, Menschen, Brücken, Regen, Sonne, Mauern, Leuchttürme ... Ich beginne mit mei-

nem Geburtsdatum und folge den Stationen meines Lebensweges.
Folgende Fragen können mir helfen:

- Was kennzeichnet meinen Glaubensweg am Beginn meines Lebens und in der Kindheit?
- Was hat meinen Glauben geprägt in der Schul- und Jugendzeit und später?
- Wo erkenne ich Gottes Wirken auf meinem Weg? Wo hat Gott mir Zeichen gegeben?
- Wo stehe ich jetzt? Wie sehe ich meine Zukunft im Glauben?

IMPULS FÜR DEN TAG

Heute auf »Wegweiser«: auf Worte, Erinnerungen, aufsteigende Wünsche, Gebete ... achten.

Via Appia Antica, Rom[24]

67

Wie ein Kartenhaus

Mich loslassen, mich einlassen, mich überlassen –
ihm, meinem Gott.

»Vor vier Jahren starb meine Tochter Ursula mit 29
Jahren an einer Lungenembolie. Ich bin 59 Jahre alt,
hatte schon einige Kratzer abbekommen vom Leben
und bezeichnete mich als gläubige Katholikin. Meine
ganze Lebensphilosophie fiel wie ein Kartenhaus zusammen. Ich verstand den Herrgott nicht mehr ... und
war am Boden zerstört. ... Ich betete, nein, ich be-
schwor Gott jeden Morgen, daß, wenn er schon so entschieden hatte – meine Tochter und nicht ich –, mir
beizustehen, daß ich nicht durchdrehe und mir das Leben nehme« (Theresia Klagermeier).[25]

Manchmal gehen wir davon aus, unser Vertrauen auf
Gott sei unerschütterlich wie ein fester Besitz, der zu
uns gehört. Das Leben aber zeigt immer wieder, wie
gefährdet Beziehungen sind – auch die Beziehung zu
Gott –, besonders dann, wenn wir uns zu sicher
fühlen.

- Kenne ich Situationen, in denen mein Glaube
  wankte oder wie ein Kartenhaus zusammenbrach?

Aber Gott geht mit uns, auch durch die tiefste Finsternis. Am dunkelsten Punkt ist unser Weg nicht zu

Ende. Gott gibt – oft überdeutlich – Wegzeichen, wie auch dieser Frau:

»Da las ich von einem ... Psalmen-Seminar. Ich weiß nicht, warum ich hinging, da ich mit Psalmen bisher nichts anfangen konnte ... Es ... ließ mich ein Satz aufhorchen: ›Psalmen können eine verwundete Seele heilen.‹ Da mein Sohn mir den Rat gab, Gedichte auswendig zu lernen als Fitnesstraining für's alt werdende Hirn, beschloß ich, Psalm 95 auswendig zu lernen. Es war mühsam. Am Morgen, wenn ich zur Arbeit ging, sagte ich immer zwei Zeilen vor mich hin. Ich grübelte weniger.«

- Kenne ich ähnliche Zeichen auf meinem Lebensweg? Sind mir in letzter Zeit vielleicht auch Hinweise gegeben worden, die ich aufgreifen sollte?
  In der Schrift heißt es:

Wenn du aber all diese Zeichen erlebst,
dann tu, was sich gerade ergibt;
denn Gott ist mit dir.
(1 Sam 10,7)

- Ich verweile bei der Zusage, daß Gott mit mir ist – in hellen und in dunklen Zeiten.

Das erfuhr auch Theresia Klagermeier: »Irgendwann merkte ich, daß mit mir eine positive Veränderung geschah. Ich spürte auf einmal ganz deutlich: ich werde geführt ... Ich wurde sehr hellhörig für alles, was sich um mich tat. Als ich Psalm 95 auswendig konnte ..., kam Psalm 71 dran: ›Herr, ich suche Zuflucht bei dir‹ ... Das ist für mich Lebenshilfe pur.«

Ihr Leben kennt auch weiterhin dunkle Stunden. Aber sie weiß: »Es gibt einen Herrgott ... Und ich habe erfahren: Wenn es mir ganz schlecht geht im Leben und ich ihn um Hilfe bitte, dann hilft er« (ebd.).

- Vielleicht kann ich diesen Erfahrungsbericht als Zeichen für *mich* verstehen.

GEBET

(Ich könnte versuchen, die folgenden Verse auswendig zu lernen.)
Herr, ich suche Zuflucht bei dir.
Laß mich doch niemals scheitern!
Reiß mich heraus
und rette mich in deiner Gerechtigkeit,
wende dein Ohr mir zu und hilf mir!
Sei mir ein sicherer Hort,
zu dem ich allzeit kommen darf.
Du hast mir versprochen zu helfen;
denn du bist mein Fels und meine Burg ...
Herr, mein Gott, du bist ja meine Zuversicht,
meine Hoffnung von Jugend auf.
Vom Mutterleib an stütze ich mich auf dich,
vom Mutterschoß an bist du mein Beschützer;
dir gilt mein Lobpreis allezeit.
(Ps 71,1–3.5–6)

IMPULS FÜR DEN TAG

Ich nehme einen Psalmvers mit in den Tag.

Nicht so schnell

EINSTIMMUNG

Ich habe jetzt Zeit. Ich darf mich entspannen.
Alles Unerledigte kann warten.
Alles darf sein, wie es ist.
Ich nehme in Ruhe meine Atmung wahr.

IMPULSE ZUR REFLEXION UND MEDITATION

Die Welt ist voll von Zeichen, durch die wir Gott erkennen können: seine Schönheit, seine Größe, seine
Schöpferkraft. Die Welt ist auch voll von Zeichen,
durch die wir den Menschen erkennen können: seine
Kreativität, seinen Forschergeist, seinen Eroberungs-
drang, seine Verführbarkeit. Faszinierend und beäng-
stigend zugleich können diese Zeichen sein. Ralf Miggelbrink schreibt: »Es ist manchmal bedrückend, auf
der Autobahn fahrend sich zu vergegenwärtigen, daß
dieser Beton- und Asphaltwurm das größte Bauwerk
unseres Jahrhunderts ist, mit dem unsere Kultur symbolisch zum Ausdruck bringt, wer wir sind: immer
schneller, immer unterwegs, immer woanders! Zwischen uns und der Autobahn gibt es ein Wechselspiel.
Zuerst machen wir die Autobahnen, dann macht die
Autobahn uns. Zuerst bauen wir die Möglichkeit, immer schneller irgendwo zu sein. Dann wird es für immer mehr Menschen notwendig, immer schneller irgendwo zu sein. ... Unsere Taten zeigen nicht nur, wer
wir sind, sie verändern uns selbst nachhaltig.«[26]

- Wo versuche ich mich selbst zu überholen durch Beschleunigung? Wo ziehe ich andere in meine Unrast hinein?

Wir selbst sind es, die unseren Terminkalender füllen. Anschließend beklagen wir uns darüber, daß wir keine Zeit haben und nicht zur Ruhe kommen. Im Buch Jesaja spricht Gott: »Nur in Umkehr und Ruhe liegt eure Rettung, nur Stille und Vertrauen verleihen euch Kraft« (30,15).

In der Hektik des Alltags merken wir oft nicht, daß wir den Ereignissen ihre Zeit nicht gönnen; wir wollen schneller sein, als dem Geschehen angemessen ist. »Günter Grass hat ... in Anlehnung an Sten Nadolnys ›Entdeckung der Langsamkeit‹ vorgeschlagen, in jeder Schule unseres Landes solle ein ›Kurs zur Erlernung der Langsamkeit‹ eingeführt werden: ›Langsamkeit wäre eine Gangart, die der Zeit zuwiderliefe. Die bewußte Verzögerung. Das bis zum Stillstand gebremste Tempo. Das Erlernen des Innehaltens, der Muße. Nichts wäre inmitten der gegenwärtigen Informationsflut hilfreicher als eine Hinführung ... zur Besinnung ohne lärmende Nebengeräusche, ohne schnelle Bildabfolge, ohne Aktion und hinein ins Abenteuer der Stille‹« (Hermann Schalück).[27]

- Welche Abläufe in meinem Leben bedürfen besonders der Verlangsamung, so daß ich ganz in ihnen gegenwärtig sein kann?

Die Tiefendimension der Zeit öffnet sich uns, wenn wir unsere ständigen »Überholmanöver« aufgeben, im Augenblick verweilen lernen und das Geheimnis der Ewigkeit in der Zeit berühren.

Jesus spricht:
Die Zeit ist erfüllt.
(Mk 1,15)

- Die Zeit ist erfüllt mit der Gegenwart Gottes. Ich wende mich ihm zu, der sich mir zuwendet.

GEBET

Herr, ich bin ausgegangen,
draußen gingen die Menschen.
Sie gingen, sie kamen, sie eilten, sie liefen.
Die Fahrräder liefen, die Wagen liefen,
die Lastautos liefen, die Straße lief, die Stadt lief,
alles lief.
Sie liefen, um keine Zeit zu verlieren,
sie liefen hinter der Zeit her,
um die Zeit einzuholen, um Zeit zu gewinnen ...
So laufen die Menschen ... eilig, herumgestoßen,
mürrisch, überlastet, und sie kommen nie ans Ziel.
Herr, Du verstehst, sie haben keine Zeit ...
Die Stunden sind zu kurz, die Tage sind zu kurz,
die Lebenszeiten sind zu kurz ...
Herr, ich habe Zeit ... alle Zeit, die du mir gibst ...
An mir ist es, sie zu füllen, ruhig und gelassen.
(Michel Quoist)[28]

IMPULS FÜR DEN TAG

Heute bewußt verlangsamen.

Verlesen

Ankommen – still werden – wach werden – offen werden.

Impulse zur Reflexion und Meditation

Manche Zeichen, die uns gegeben werden, deuten hin auf eine tiefere Dimension der Wirklichkeit. Unsere Fehlleistungen beispielsweise zeigen oft wie ein Finger auf etwas Verborgenes.

Die Wiener Psychotherapeutin Eva Firkel berichtet aus ihrer Praxis von einer Buchhalterin, einer »tüchtigen Person«, die aber in der Betriebsgemeinschaft nicht ganz leicht zu ertragen ist. Sie »geht hoch«, sobald sie Widerspruch erfährt. Vor allem ihre unmittelbare Vorgesetzte macht ihr zu schaffen.[29]

• Bei welchen Gelegenheiten gehe ich hoch? Wer oder was macht mir zu schaffen?

In unseren Schwierigkeiten erwarten wir nicht selten, daß Gott, wenn wir ihn inständig bitten, in unser Leben eingreift und die Dinge richtigstellt. Gottes Hilfe sieht jedoch oft anders aus. Er handelt nicht an unserer Stelle, sondern hilft uns durch Wegzeichen, den rechten »Ausweg« zu finden. Die Kunst besteht darin, diese Zeichen richtig zu deuten.

Die besagte Buchhalterin z. B. sieht eines Tages in der Auslage eines Geschäftes folgenden Spruch: »Gottes

74

Liebe ist größer als dein Leid.« Sie liest jedoch: »Gottes Liebe ist größer als dein Neid!« Schlagartig wird ihr klar: Der Neid hat mich mein Leben lang buchstäblich zerfressen. Sie erkennt, daß sie ständig ihre jüngere Schwester beneidet hat. Und sie haßt ihre Mutter, weil sie sich von ihr zurückgesetzt fühlt. Dieser Erkenntnisblitz wirft auch ein helles Licht auf ihr Verhältnis zu ihrer Vorgesetzen.

- Welche »Zufälle« in meinem Leben könnten mir Zeichen auf meinem Weg sein?

Nachdem die Buchhalterin erkannt hat, daß sie in ihrer Chefin ihre Mutter sieht und ablehnt und immer noch aus der kindlichen Angst, zurückgesetzt zu werden, reagiert, verschwinden langsam ihre störenden Gefühlsausbrüche. In einem längeren Prozeß gelingt es ihr, Vergangenheit und Gegenwart, ihre Mutter und die Vorgesetzte, zu trennen. Dieser Weg erforderte viel Geduld und Demut. Doch die uns von Gott gestellte Aufgabe der Reifung lohnt den Einsatz. Und Gott geht alle Wege mit, auch die mühsamen inneren Wege.

Öffne deine Augen und Ohren, sieh und höre,
und achte auf alles, was ich dir zeige.
(Ez 40,4)

- Ich verweile bei diesem Schriftwort und versuche, mich zu öffnen.

GEBET

In einem persönlichen Gebet bitte ich Gott, mir zu zeigen, wo Verhaltensmuster aus meiner Vergangenheit mich hindern, in Liebe und Einheit mit meiner Umwelt zu leben. – Oder ich spreche das folgende Gebet:

Guter Gott, unaufhörlich gibst du mir Zeichen,
die mir den Weg weisen wollen.
Mach mich aufmerksam auf das,
was du mir zeigen und sagen willst.
Laß mich meine Schwierigkeiten
unbefangen in den Blick nehmen.
Hilf mir, die Bemerkungen der Menschen
nicht einfach zu überhören,
sondern ihre Botschaft zu vernehmen.
Mach mich hellhörig in meinen Schmerzen,
den leiblichen und den seelischen,
um ihre Signale zu beachten.
Und laß mich dankbar sein,
daß du selbst mich durch viele Wegweiser führst.
Amen.

IMPULS FÜR DEN TAG

Heute aufmerksam sehen und hören.

Nur halb

Einstimmung

Ich schaue auf das Bild[30] und komme zur Ruhe.

Von Matthias Claudius stammt das bekannte Gedicht »Der Mond ist aufgegangen«. Dort heißt es in der dritten Strophe:

Seht ihr den Mond dort stehen? –
Er ist nur halb zu sehen,
Und ist doch rund und schön!
So sind wohl manche Sachen,
Die wir getrost belachen,
Weil unsre Augen sie nicht sehn.

Als Sinnenwesen nehmen wir natürlicherweise nur einen Teil der Wirklichkeit wahr: das Sichtbare, Vernehmbare, Greifbare. Das Unsichtbare, Tragende beachten wir weniger. So kommt es, daß das Materielle, Vordergründige unser Denken, Reden und Tun mehr bestimmt als das unsichtbare Geistige, wie Liebe, Vertrauen, Hoffnung und sogar Gott. Auch die Außenseite unserer Person: Aussehen, Erfolg, Rang, ist uns meist wichtiger als die Innenseite, die unendlich tief gegründet ist.

Das Foto kann ich auch als Bild meiner Innenwelt sehen. Saint-Exupéry schreibt: »Ich war stets der Meinung, ... daß in einem jeden eine innere Landschaft verborgen sei, mit unbetretenen Ebenen, mit Schluchten des Schweigens, mit lastenden Bergen, mit geheimen Gärten.«[31]

- Wie erlebe ich meine »innere Landschaft«: Was sind in mir »unbetretene Ebenen«? Wo sind meine »Schluchten des Schweigens« – was verschweige ich vor mir selbst?
- Wo hat das Äußere bei mir ein zu starkes Gewicht gegenüber dem Inneren?

Gott, ich sehe dich nicht,
aber du bist da, mir zugewandt.
Ich lade dich ein in meine innere Landschaft.
Geh mit mir auf meinem Weg:
zu den Bergen meiner Bedrängnisse,
in die Schluchten meiner Einsamkeit,
zu den Meeren meiner Sehnsucht,
den Gärten meiner Träume.
Rufe mich immer wieder von außen nach innen,
in die Mitte meines Seins,
wo du wohnst und auf mich wartest. Amen.

IMPULS FÜR DEN TAG

Heute versuche ich immer wieder in meinen »geheimen Garten« zu gehen, wo Gott auf mich wartet.

Reiche Arme

EINSTIMMUNG

Ich finde mich an meinem gewohnten Platz ein und komme zur Ruhe. Ich nehme wahr, wie ich da bin: locker oder verspannt, gesammelt oder zerstreut, gelassen oder bedrückt. Ich atme mich frei.

IMPULSE ZUR REFLEXION UND MEDITATION

In seinem Buch »Matrjonas Hof« erzählt der russische Schriftsteller Alexander Solschenizyn von einer Frau, die ganz arm und doch reich ist. »Unverstanden, alleingelassen sogar von ihrem Mann, hatte sie sechs Kinder begraben, ihr hilfsbereites Wesen aber nicht eingebüßt; ihren Schwestern und Schwägerinnen fremd, eine lächerliche Person, die dumm genug war, für andere ohne Entgelt zu arbeiten, hatte sie sich am Ende ihres Lebens keinen Besitz erspart. Eine schmutzig-weiße Ziege, eine lahme Katze, Gummibäume ... Wir alle haben neben ihr gelebt und nicht begriffen, daß sie jene Gerechte war, ohne die, wie das Sprichwort sagt, kein Dorf leben kann.
Und keine Stadt.
Und nicht unser ganzes Land.«[32]

- Wann empfinde ich mich als arm, wann als reich?
- Welche Menschen gelten mir wenig, welche stehen bei mir in hohem Ansehen? Was zählt für mich?

Am Ende unseres Lebensweges zählen nicht Ämter und Ehren, nicht Erfolg und Besitz, auch nicht unser großer Name oder unser unbescholtener Ruf, am Ende zählt, ob wir reif geworden sind in der Liebe. Zum Wachsen in der Liebe helfen uns seltsamerweise oft die Menschen und Situationen am meisten, die unsere Geduld und Tragfähigkeit auf die Probe stellen.

»Mancher meint, im Alter, in der Krankheit, in der Gefangenschaft oder in anderen Sackgassen des Daseins nichts mehr geben zu können. Er kommt sich unnütz vor und kann versucht sein, sein Leben zu beenden. Er bedenke, daß nur der Arme, gerade der Arme, der das Bewußtsein von Eigenbesitz verloren hat, in die Lage gebracht ist, zu schenken. Die Witwe am Opferkasten hat mehr gegeben als alle anderen ... Die Armen im Geist gewinnen nicht nur selbst das Himmelreich, sie öffnen es den übrigen. Arme Völker haben um dieses Geheimnis am besten gewußt« (Hans Urs von Balthasar).[33]

Die Engstirnigen, die Quälgeister, die Unsympathischen, die Neunmalklugen, die Rechthaber ..., alle, die uns an die Grenze bringen, fordern uns heraus, uns selbst zu übersteigen und zu lieben.

• Welche Menschen, welche Situationen bringen mich an den Rand und fordern meine Liebe heraus?

Als Jesus einmal dem Opferkasten gegenübersaß, sah er zu, wie die Leute Geld in den Kasten warfen. Viele Reiche kamen und gaben viel.

Da kam auch eine arme Witwe und warf zwei kleine Münzen hinein.

Er ... sagte: Amen, ich sage euch: Diese arme Witwe hat mehr in den Opferkasten hineingeworfen als alle anderen.

(Mk 12,41–43)

- Ich versetze mich in die Situation, die dieser Evangelienabschnitt beschreibt, und beginne mit Jesus ein Gespräch.

GEBET

Für die ärmliche Witwe,
die ihren Groschen hergibt,
hattest du, Jesus, einen aufmerksamen Blick.
Du sagst mir heute,
daß ich noch geben kann,
selbst wenn das Leben mir alles genommen hat.
Ich kann vom Notwendigen immer noch geben.
Ja, das ist es, was du von mir erwartest.
Und du kommst und füllst mein Herz
und meine leergewordenen Hände.[34]

IMPULS FÜR DEN TAG

Heute versuchen, alles zu geben.

Rückblick auf die Woche

EINSTIMMUNG

Vielleicht bin ich noch »unterwegs«, noch nicht ganz angekommen mit meinem Geist, mit meiner Seele. Ich warte, bis ich da bin – wach, offen, empfänglich.

ICH MACHE MIR BEWUßT, DAß GOTT JETZT BEI MIR IST

Im Matthäusevangelium hat der auferstandene Herr uns als letzte Zusage das Wort hinterlassen: »Seid gewiß: Ich bin bei euch alle Tage bis zum Ende der Welt« (28,20). Ich lasse diese Verheißung jetzt bei mir ankommen.

ICH SCHAUE MIR DIE VERGANGENE WOCHE AN

Mit Hilfe meiner Aufzeichnungen gehe ich in Gedanken noch einmal den Weg durch die vergangene Woche:

- Wo habe ich besonders gespürt, daß Gott mit mir unterwegs war?
- Was war hilfreich für meinen Lebensweg?
- Welche Gedanken, Gefühle, Gewohnheiten, Verhaltensweisen verhindern oder beeinträchtigen die Entfaltung meines Lebens, wie Gott es gedacht hat?
- Welche Konsequenzen ergeben sich aus den Erfahrungen dieser Woche?

ICH NOTIERE, WAS MIR WICHTIG IST UND WAS MIR HELFEN KÖNNTE

ICH SPRECHE MIT GOTT, MEINEM WEGBEGLEITER:

... Sag meinen Namen –
und ich halte inne ...
... sag meinen Namen –
und ich drehe mich um ...
... sag meinen Namen –
und ich schaue dich an ...
... sag meinen Namen –
und ich bin getröstet ...
... sag meinen Namen –
und ich kann leben ...
... sag meinen Namen –
und ich mache mich auf den Weg ...
... sag nur meinen Namen ...[35]

Hoffnungszeichen

»Im Frühling gehe ich täglich durch meinen Garten und freue mich über die neuen Gaben Gottes, die sich überall bemerkbar machen: Krokusse, Tulpen, Narzissen ... Ich bemerke aber auch Keimlinge, die mich neugierig machen, weil ich noch nicht sagen kann, was sich aus ihnen entwickeln wird. Es könnte Unkraut sein, es könnten aber auch ganz neue Gewächse sein, die mir der Wind oder die Vögel oder ein anderer ›edler Spender‹ zugetragen haben. Bei aller Versuchung, den Garten möglichst bald in Ordnung zu bringen, lasse ich diese noch rätselhaften Sprößlinge erst einmal stehen, beobachte, was sich da entwickeln will. Jedes Jahr erlebe ich neue Überraschungen: hier eine Königskerze, da ein Himmelsschlüssel, ein Blausternchen, ein kleiner Nußbaum ...

Ist es im Leben nicht ähnlich? Vieles ist uns vertraut, wir bewahren es. Die Würze des Lebens aber sind die Geschenke. Neue Dinge, neue Gedanken ... So vergrößert sich unser Horizont. Wir werden reicher« (Wolfgang Deinhart).[36]

Als Christen, die um ihren guten Vater im Himmel wissen, dürfen wir voll Hoffnung auf seine Liebe setzen. Gott erwartet nicht größere Leistungen, sondern größeres Vertrauen auf ihn. Wir sehen das Wachstum nicht, wir können es nicht »machen«. Aber das Leben setzt sich durch, es bricht sich Bahn durch die noch gefrorene Erde, durch Asphalt und Steinmauern. Auch in der Kirche, in der Welt, in unserem eigenen Dasein, überall gibt es Zeichen der Hoffnung, Zeichen neuen Lebens.

In der dritten Fastenwoche versuchen wir achtsam

darauf zu werden, wie Gott uns durch kleine, unbedeutende Anfänge ermutigt, das Große zu erhoffen, das er uns schenken will.

Hoffe auf den Herrn, und sei stark!
Hab festen Mut,
und hoffe auf den Herrn!
(Ps 27,14)

Perlen in meiner Hand

EINSTIMMUNG

Ich beginne meine Meditation und warte zunächst, bis ich innerlich ruhig bin. Vielleicht steigt in mir ein Gebetswort auf, oder ich bete: Du in mir – ich in dir.

IMPULSE ZUR REFLEXION UND MEDITATION

Das Christentum unterscheidet sich von allen anderen Religionen dadurch, daß nicht der Mensch Stufe um Stufe emporsteigt, um schließlich Gott zu finden, sondern daß Gott zum Menschen herabsteigt und unser »Fleisch«, unser Menschsein annimmt: ein Zeichen, was ihm die Welt, was ihm die kleine Mirjam aus Nazaret, die Muttergottes, was ihm jeder Mensch wert ist.

»Wie kommt eine evangelisch getaufte Christin ... zu Maria?« So beginnt ein Erfahrungsbericht von Gisela Ehrle[37], der vielleicht auch uns zum Hoffnungszeichen werden kann.

»Es war für meine Familie schwer verständlich, als ich einen Katholiken heiratete. Mein Mann war damals kein praktizierender Katholik. Maria kam fast unmerklich in mein Leben. Als evangelische Frau hatte ich ja fast nie mit ihr zu tun. Ich kann nur sagen, es war ganz fein, ganz sachte, etwas, was sich in großer Güte mir zuneigte. Zuerst wollte ich es wegwischen. Es war beharrlich und hatte die Fähigkeit, mich wissen zu lassen: ›Ich bin Maria.‹«

- Vielen Menschen geht es wie dieser Frau, sie haben »fast nie mit Maria zu tun«. Ich spüre nach, wie es mir »zumute« ist, wenn ich Maria mit ihrem Namen anspreche.

»Es war, als hätte ich in Maria den mütterlichen Aspekt Gottes gefunden, den gütigen, verständnisvollen, fürsprechenden, bewahrenden. Ich wollte mehr wissen über Maria«, so Frau Ehrle weiter. Deshalb beschloß sie, sich beim katholischen Pfarramt nach dem Rosenkranzgebet zu erkundigen. Beim Staubwischen fiel ihr ein Buch in die Hände. Sie schlug es auf und las: »Die Gebete des Rosenkranzes«. »Erschrocken über solche Fügung oder Führung, stand ich da. Nun war ich mir sicher, daß ich den Rosenkranz beten, seine Wirkung erfahren sollte.« Dann schenkte ihr der Schwiegervater den Rosenkranz seiner Schwester. Das Rosenkranzgebet erschloß ihr auf eine neue Weise Gottes Menschwerdung in Jesus, angefangen von seiner Empfängnis bis zum Tod und über den Tod hinaus. Frau Ehrle erfährt, wie die Hinwendung zu Maria gerade dann hilfreich ist, wenn sie unruhig, besorgt, traurig ist. »Es tut meinen Händen gut, daß sie in dieser Unruhe und Ratlosigkeit etwas greifen, etwas begreifen dürfen. Das Rosenkranzgebet erschließt sich im Beten. Der Rosenkranz schafft in meinem Herzen Raum für den Heiligen Geist. So kann ich mehr und mehr lernen, Dinge, Worte, einzelne Ereignisse wie Maria in meinem Herzen zu bewegen. Da ordnen sich all die wichtigtuerischen Angelegenheiten und werden auf ihr Maß gebracht. Mein innerer Krempel ordnet sich. Er ist der Mutter anvertraut. Es ist ja kein Gebet zu Maria, sondern ein Gebet mit Maria zum dreifaltigen Gott, der mir in seinem Menschsein und in seinem Überwinden der Welt besonders nahe kommt« (ebd.).

Maria sprach: Ich bin die Magd des Herrn.
Mir geschehe ...
(Lk 1,38)

- Ich könnte mit dem Herzen wiederholend das Ave Maria beten für mich, für meine Familie, für einen Menschen in Not, für den Frieden ...
- Ich könnte auch ein Gesätz des Rosenkranzes beten (Anleitung siehe Gotteslob Nr. 33).

GEBET

Gegrüßet seist du, Maria,
voll der Gnade, der Herr ist mit dir.
Du bist gebenedeit unter den Frauen,
und gebenedeit ist die Frucht deines Leibes, Jesus.
Heilige Maria, Mutter Gottes,
bitte für uns Sünder
jetzt und in der Stunde unseres Todes. Amen.

IMPULS FÜR DEN TAG

Heute, wenn ich unruhig, besorgt, traurig bin, zu Maria gehen und sie mit ihrem Namen ansprechen.

Am Ende

EINSTIMMUNG

Ich beginne wie gewohnt, lasse alle Anspannung mit meinem Atem abfließen und komme zur Ruhe, zu mir, zu Gott. Dann erst wende ich mich dem folgenden Text zu.

IMPULSE ZUR REFLEXION UND MEDITATION

Eine 65jährige Frau schreibt: »Ich bin seit fast zwei Jahren im Altersheim. Ich hatte mir einen solchen Aufenthalt allerdings anders vorgestellt. So, wie es ist, halte ich es auf die Dauer nicht aus. Nachdem alle meine fünf Kinder ausgeflogen waren, kam ich mir sehr einsam vor, denn sie kümmerten sich überhaupt nicht um mich. Höchstens machten sie mir Vorwürfe, ich hätte sie nicht richtig aufs Leben vorbereitet. Auch wußte ich nicht, wie die Zeit totschlagen. Mein kleiner Haushalt war bald besorgt, und schließlich konnte ich nicht immer allein spazieren. So entschloß ich mich schließlich fürs Altersheim. Ich hoffte dort Anschluß zu finden, vielleicht ... eine kleine Gruppe, mit der man gemeinsame Ausflüge machen oder etwa in ein Café gehen könnte. Auch könnte man sich hie und da gemeinsam einen Film ansehen. – Nichts von alldem. Gewiß, es gibt vom Haus aus Veranstaltungen verschiedener Art, aber ihnen fehlt das Familiäre. Fast alle Leute gehen ihre eigenen Wege. Andere haben einen unangenehmen Charakter, andere ziehen es vor, Handarbeiten zu machen oder zu lesen usw.«[38]

Theodor Adorno stellt fest: »Jeder Mensch heute, ohne Ausnahme, fühlt sich zu wenig geliebt, weil jeder zu wenig lieben kann.« Er macht damit auf einen Teufelskreis aufmerksam, der uns selten bewußt wird. Wer von anderen erwartet, was er selbst nicht gibt, dem wird das Leben zu einer Kette von Enttäuschungen.

• Ich spüre meinen Enttäuschungen nach und überprüfe meine Erwartungen an andere.

Wer nicht liebt, sieht die Welt ohne Liebe: »An den Enkeln habe ich keine Freude. Sie haben gar keinen Respekt vor dem Alter. Sie besuchen mich auch nicht, sondern sind lieber bei andern Kindern.« Der Teufelskreis wird für diese Frau immer enger. »An eine Wiederverheiratung mag ich auch nicht denken. Ich würde mir dabei sicher nur Unannehmlichkeiten zuziehen, und vielleicht käme ich noch um mein Geld, und das ist eigentlich noch das Beste, was man hat ... Ich bin geradezu am Verzweifeln und tue nichts mehr als auf den Tod warten. Man sagt, es gäbe Menschen, die an eine ewige Seligkeit glauben. Ich kann solches nicht verstehen. Schon in dieser Welt spürt man nichts von Freude und Seligkeit. Für mich war das schon immer so. Also wozu noch weiterleben?«
Ganz anders Dag Hammarskjöld. Er schreibt in seinem Tagebuch: »Das Leben hat nur Wert durch seinen Inhalt – für andere. Mein Leben ohne Wert für andere ist schlimmer als der Tod. Darum – in dieser großen Einsamkeit – diene allen. Darum: wie unbegreiflich groß, was mir geschenkt wurde, wie nichtig, was ich ›opfere‹.«[39]

Wir wissen, daß wir aus dem Tod in das Leben
hinübergegangen sind, weil wir ... lieben.
Wer nicht liebt, bleibt im Tod.
(1 Joh 3,11.14)

Danken für einen Dienst, ein freundliches Wort sagen, einen Blumenstrauß verschenken, einem Menschen Mut machen, lächeln, weil es einem anderen Menschen hilft, einem anderen den Vortritt lassen, schweigend etwas ertragen, ein Gebet sprechen für einen unzufriedenen Menschen – das sind kleine Zeichen, die die Hoffnung stärken, das sind die großen Taten des Lebens.

GEBET

Guter Gott,
jeder Mensch sehnt sich nach Liebe. Ich auch.
Ich brauche die Erfahrung von Angenommensein,
sonst werde ich unsicher und ziehe mich zurück.
Und die anderen halten mich für stolz,
finden mich unnahbar und gehen auf Distanz.
Laß mich tiefer glauben, daß du mich liebst,
auch wenn ich nichts spüre.
Laß mich in deiner Liebe wagen,
den Menschen zu zeigen, daß ich sie gern habe.
Laß mich mit dir den Kreislauf der Liebe beginnen
und als erste/r lieben und wieder neu beginnen,
wenn das Echo einmal ausbleibt.
Dann bin ich dir ähnlich in deiner Liebe. Amen.

IMPULS FÜR DEN TAG

Heute den Menschen zeigen, daß ich sie gern habe.

Zum Licht

EINSTIMMUNG

Ich betrachte aufmerksam das Bild[40] und lasse es auf mich wirken.

Ein Hoffnungszeichen: Das Weizenkorn hat neues Leben hervorgebracht: einen Keimling. Er sucht seinen Weg nach oben, streckt sich dem Licht entgegen. Das ist die Urbewegung alles Lebendigen: Aufstieg – Selbstüberschreitung.

Die gegenläufige Bewegung: Abstieg – Selbsthingabe. Die Sonne sendet ihr Licht herab. In ihren Strahlen gibt sie sich selbst; dabei erzeugt sie Leben und Wachstum.

Zwei Bewegungen, die sich finden: Das Licht strebt hinab zum Korn. Das Korn strebt hinauf zum Licht – Urbild der Beziehung zwischen Gott und Mensch.

- Wo finde ich mich in diesem Bild wieder?
  Wo möchte ich wachsen wie der Keimling?
  Wo finde ich Licht und Wärme?
  Wo braucht mein Leben mehr an Tiefe und Verwurzelung?
  Woraus ziehe ich Nahrung zum Wachsen?
  Wo bin ich wie ein Weizenkorn, das sich selbst hingeben muß, damit andere leben und wachsen können?
  Wo darf ich wie die Sonne anderen Licht und Wärme schenken?

Wenn wir Jesus, dem Licht der Welt, entgegenwachsen, wächst sein Leben in uns und bringt reiche Frucht.

94

Er muß wachsen.
(Joh 3,30)

GEBET

Wachse, Jesus, wachse in mir,
in meinem Geist, in meinem Herzen,
in meiner Vorstellung, in meinen Sinnen.
Wachse in mir in deiner Milde,
in deiner Reinheit, in deiner Demut,
deinem Eifer, deiner Liebe.
Wachse in mir mit deiner Gnade,
deinem Licht und deinem Frieden.
Wachse in mir zur Verherrlichung deines Vaters,
zur größeren Ehre Gottes. Amen.
(Pierre Olivaint)[41]

IMPULS FÜR DEN TAG

Heute in dem Bewußtsein leben, daß ich noch wachsen darf.

Beziehungslos

»Schweigen, mich loslassen, nur einen winzigen Augenblick verzichten auf mich selbst. Nur einen Augenblick ›Du‹ sagen und Gott da sein lassen. Nur einen Augenblick mich lieben lassen, ohne Vorbehalt, ohne Zögern, bedingungslos« (Wolfgang Schneller).[42]

IMPULSE ZUR REFLEXION UND MEDITATION

Henri J. M. Nouwen nahm sechs Monate lang am Leben der Mönche eines Trappistenklosters teil. Sein Tagebuch berichtet von seinen Erfahrungen: »Nach drei Monaten Handarbeit stelle ich fest, daß ich kein rechtes Gefallen daran finde. Wenn das erste Neuheitserlebnis vergangen ist, wird es sehr langweilig. Brot einpacken, heißes Brot vom Fließband nehmen, Rosinen waschen, Bettücher bügeln oder Steine sammeln – das alles sind nette Tätigkeiten für einen oder zwei Nachmittage, aber nach drei Monaten ist meine Hauptfrage während der Arbeit: ›Wann ist endlich Feierabend?‹ Das einzige, was den Stumpfsinn vermindern kann, ist ein angenehmer Mitarbeiter.«[43]

- Welche Abläufe und Arbeiten meines Alltags erscheinen mir »stumpfsinnig«?

Nouwen besprach seine Situation mit John Eudes, dem Abt des Klosters: »John Eudes wies mich darauf hin, daß diese Art der Arbeit mir Gelegenheit gebe, ganz tief meine Beziehungslosigkeit zu erfahren. In anderen Situationen habe ich intellektuelle Abwehrhaltungen und starke Zwänge zur Verfügung, die mich davor bewahren, meine Beziehungslosigkeit tief zu erfahren. Wenn ich studiere, schreibe, Vorlesungen halte, kann ich die Dinge interessant machen, indem ich sie auf bestimmte Weise manipuliere. Aber in der Bäckerei oder am Bach ist es praktisch unmöglich, die Dinge interessant zu machen ... Dann entdecke ich meine tiefe Entfremdung. Wenn ich mich wirklich mit meiner Welt verbunden fühlen würde, wenn ich tatsächlich ein Teil von ihr wäre, würde ich mich nicht über Stumpfsinn und Langeweile beklagen.«

• Ich überlege, inwiefern diese Gedanken auf mich zutreffen.

Beziehungslosigkeit entsteht, wenn uns der Gesamthorizont, der Blick für das Ganze der Schöpfung und für den Schöpfer verlorengegangen ist, wenn wir nicht aus Liebe handeln.
Steuern mich meine Bedürfnisse und Wünsche, wird die Umwelt, werden die Menschen nur insoweit für mich interessant sein, als sie meinen Ansprüchen und Bedürfnissen genügen. Wenn ich diese ichbezogene Art zu leben aufgebe und mein Leben in den Dienst anderer stelle, entstehen Verbundenheit, Zuneigung, Mitgefühl und Sympathie. Ich erlebe dann die Solidarität mit allen Geschöpfen, das Mitsein mit allen im großen Raum-Zeit-Zusammenhang des Universums. Jesus selbst, dessen Liebe alles eint und verbindet, hat uns diesen Weg des Dienens gewiesen.

Der Menschensohn ist nicht gekommen,
um sich dienen zu lassen,
sondern um zu dienen.

(Mk 10,45)

Romano Guardini zeigt, wie wir aus der Liebe, aus der Beziehung zu Gott leben und handeln können: »Wir müssen wach sein, wach nach Gott hinüber ... Unser Leben führen, mit den Menschen sein, mit den Dingen, aber hinüberhorchen, ob nicht jenes Leise, Zarteste sich kundtue: die Nähe Gottes.«[44] In seiner Kraft werden wir bereit zum Dienen.

GEBET

Herr, du hast mich in diese Welt hineingestellt,
damit ich sie sehe, wie du sie siehst,
damit ich ihr diene, wie du ihr dienst
mit deiner Vorliebe für die Kleinen und Leidenden.
Laß mich zugleich nahe und zurückhaltend,
hingebend und hilfsbereit sein
und so ein Hoffnungszeichen werden,
das auf dich hinweist. Amen.

IMPULS FÜR DEN TAG

Heute wach »hinüberhorchen«, in Beziehung sein und dienen.

Wie du kannst

EINSTIMMUNG

Ich nehme wahr, wie ich mich vorfinde, und lasse
mich sein.
Ich achte auf meinen Atem und bete im Rhythmus
meines Atems:
Herr – lehre mich beten.

IMPULSE ZUR REFLEXION UND MEDITATION

Der evangelische Theologe Dietrich Bonhoeffer, der
als Widerstandskämpfer Opfer des Naziregimes wurde, teilte aus seiner Erfahrung die folgende wichtige
Einsicht über das Gebet mit: »›Herr, lehre uns beten!‹
So sprachen die Jünger zu Jesus. Sie bekannten damit,
daß sie von sich aus nicht zu beten vermochten. Sie
müssen es lernen. Beten-lernen, das klingt uns wider-
spruchsvoll. Entweder ist das Herz so übervoll, daß es
von selbst zu beten anfängt, sagen wir, oder es wird
nie beten lernen. Das aber ist ein gefährlicher Irrtum,
der heute freilich weit in der Christenheit verbreitet
ist, als könne das Herz von Natur aus beten. Wir verwechseln dann Wünschen, Hoffen, Seufzen, Klagen,
Jubeln – das alles kann das Herz von sich aus – mit Beten. Damit aber verwechseln wir Erde und Himmel,
Mensch und Gott. Beten heißt ja nicht einfach das
Herz ausschütten, sondern es heißt, mit seinem erfüllten oder auch leeren Herzen den Weg zu Gott finden und mit ihm reden.«[45]

- Ich suche mit meinem »erfüllten oder auch leeren Herzen« den Weg zu Gott und wage es einfach, mit ihm zu reden.

Ein geistlicher Meister der frühen Kirche, Johannes Climacus, lehrte die Menschen die Kunst des Betens mit Hilfe einer ganz einfachen Methode:
- »Werde dir der Gegenwart Gottes bewußt. ...
- Wähle ein formuliertes Gebet und sprich es mit großer Aufmerksamkeit, z. B. dein Lieblingsgebet, einen Psalm, das Vaterunser, das Ave Maria.
- Nimm jeden Satz, jedes Wort in seiner Bedeutung ernst.
- Wenn du abgelenkt wirst, kehre zu der Stelle zurück, an der die Zerstreuung begann. Wiederhole das Gebet, wenn nötig, immer wieder, bis du es mit voller Aufmerksamkeit sprichst und auch meinst, was du sagst.«[46]

Es kann sein, daß ein Mensch so erschöpft ist oder so angefüllt mit eigenen Problemen, Zielen oder Emotionen, daß ihn diese Methode nicht zum Gebet kommen läßt. René Voillaume, der Gründer der Kleinen Schwestern und Brüder von Charles de Foucauld, die das Leben der Armen – und auch ihre Gebetsweise – teilen, schreibt: »Arme Leute können nicht meditieren ..., wissen nicht, wie das geht oder sind einfach zu müde dazu. Wenn Ihr schon das Leben der Arbeiter teilt, müßt Ihr auch an ihrer Art zu beten teilhaben: Euch beharrlich und tapfer – in schlichten und selbstlosen Glaubens- und Liebesakten – vor Gott hinbegeben und ihn ersehnen, ihm Euer innerstes Wesen erschließen, so wie es ist. In sehnsüchtiger Erwartung seines Kommens, aber vor allem im Bewußtsein der eigenen Ohnmacht, Not, Feigheit. Das Ergebnis wird oft ein schmerzliches, zähes, scheinbar wenig geistliches Beten sein ... Der Wille will beten; er sehnt sich wenig-

stens danach zu beten und erfleht es. An manchen Ta-
gen werdet Ihr Gott bloß diese Armseligkeit anzubie-
ten haben; an ihm liegt es dann, daraus ein echtes Beten zu gestalten, das mit ihm vereint.«[47]

• Teresa von Avila rät: »Bete, wie du kannst, nicht,
wie du nicht kannst!« Ich spüre nach, welche Impulse zum Gebet in diesen Texten mich persönlich
ansprechen.

Sucht die Nähe Gottes,
dann wird er sich euch nähern.
(Jak 4,8)

GEBET

Herr, manchmal denke ich: Es ist hoffnungslos.
Ich kann nicht beten. Ich bin zu unruhig.
Es fällt mir schwer, mich zu sammeln.
Bei mir ist so viel los,
daß sich immer etwas
zwischen dich und mich schiebt.
Herr, sie sagen, daß du alle Menschen liebst,
auch mich.
Ich kann es fast nicht glauben.
Aber ich möchte jetzt einfach davon ausgehen,
daß es stimmt, und bei dir verweilen.
Danke, Herr. Amen.

IMPULS FÜR DEN TAG

Heute beten, wie ich kann.

Im Tempel

EINSTIMMUNG

Still werden – mich nach innen kehren – zu mir selber, zu Gott kommen.

IMPULSE ZUR REFLEXION UND MEDITATION

Sabrina, Talk-Show: Mich lieben alle Frauen. Hans Meiser-Talk: Hör auf, mich zu betrügen, sonst bin ich weg! QuasselCaspers, Kinder-Talkshow: Getrennte Eltern. Talkrunde: Was haben Alt und Jung voneinander? ...

»Wir leben in einer Welt, die ständig dabei ist, alles in ihr Geschehende sobald und so effektiv wie möglich zu veräußern. Bezeichnenderweise gilt das sogenannte Showgeschäft als völlig legitim. Damit sind nicht Auslagen in einem Laden gemeint, sondern daß einer sich selbst in jeder Weise psychisch und physisch zur Schau stellt, ohne Scheu und Scham veräußert, um daraus Kapital zu schlagen« (Heinrich Spaemann).[48]

Wir sind Menschen, die den Weg nach innen, zu sich selbst und ihrer Tiefe, oft nicht mehr finden, Menschen, die wie ausgegossene Gefäße, »wie ein Schlauch voller Risse« (Ps 119,83) von außen erhoffen, was in der eigenen Tiefe versiegt ist. Es ist schwer, in diesem Zustand des Ausgebranntseins zu sich selbst zurückzufinden.

- Wann bin ich bei mir selbst zu Hause, wo bin ich in Versuchung, mich zu veräußerlichen, zu zerstreuen?

In der Welt der Veräußerung und Veräußerlichung wird die Gegenbewegung wichtig, die Verinnerlichung, die Sammlung und Einkehr in die Personmitte, in das innere Heiligtum, um zum Einklang mit sich selbst, den Menschen und mit Gott zu finden.

Der weltbekannte Therapeut und Autor Erich Fromm schreibt in seinem Buch »Die Kunst des Liebens«, wie der Mensch die Fähigkeit zu Selbsterkenntnis, Reife und Liebe entwickeln kann »in einer Kultur, in der alles auf ›Zerstreuung‹« angelegt ist: »Der wichtigste Schritt ist zu lernen, mit sich selbst allein zu sein, ohne dabei zu lesen, Radio zu hören, zu rauchen oder zu trinken. Diese Fähigkeit ist eine Bedingung für die Fähigkeit zu lieben.«

Neben dieser Übung gilt es, zu »lernen, bei allem, was man tut, konzentriert zu sein ... Um zu lernen, sich zu konzentrieren, muß man jede banale Unterhaltung weitmöglichst vermeiden ... (und lernen), völlig in der Gegenwart, im Hier und Jetzt zu leben.«[49]

- Ich überlege, wo ich mich vom Sog gängigen Geredes mitziehen lasse, anstatt offen und gegenwärtig ich selbst zu sein.

Vielleicht fühlen wir uns deswegen so oft erschöpft, zerstreut und wie leere, ausgegossene Gefäße, weil wir unsere Kraft gedankenlos verschleudern. So fehlt sie uns, um gesammelt zu hören, aufzunehmen, zu lieben. Wir sind uns im täglichen Vielerlei unserer Würde nicht bewußt, leben nicht aus unserer Mitte. Paulus schreibt:

Wißt ihr nicht, daß ihr Gottes Tempel seid und
der Geist Gottes in euch wohnt?
Denn Gottes Tempel ist heilig,
und der seid ihr.
(1 Kor 3,16 f)

»Eigentlich ist das Wort Tempel in der Wortbildung Kontemplation verborgen ... Kontemplation ist also eine Erfahrung von Gottes Gegenwart, ein unsagbares Verspüren seines Wesens, das notwendig alles Begreifen übersteigt« (Erika Lorenz).[50]
In dieser Begegnung teilt Gott sich mit; es strömt dem Menschen Kraft zu, erfahrbare, spürbare Kraft, die sich auswirkt in allem, was er tut, auch in der Begegnung mit den Mitmenschen.

GEBET

Gott, aus dem Schweigen vor dir kommt alle Kraft.
Lehre mich, gesammelt zu leben,
damit ich meine Kraft nicht vergeude.
Hole mich zurück aus der Zerstreuung,
und laß mich spüren, daß du in mir lebst und wirkst.
Laß mich im Schweigen eins werden mit dir
und in dir mit mir selbst, mit meinen Mitmenschen,
mit der ganzen Schöpfung.
Amen.

IMPULS FÜR DEN TAG

Heute Stille und Einkehr suchen und aus dieser inneren Kraft da sein, hören, sehen, sprechen.

Rückblick auf die Woche

Einstimmung

Wie gewohnt beginne ich mit einem Zeichen. Ich nehme wahr, wie ich mich vorfinde. Ich achte auf meinen Atem und komme zur Ruhe.

Ich mache mir bewusst, daß Gott jetzt bei mir ist

Gott, der Dreieine, schenkt mir unaufhörlich – auch jetzt – Leben aus seiner Lebensfülle. Ich nehme an, was er mir geben will.

Ich schaue mir die vergangene Woche an

Ich gehe meine Notizen durch. Die folgenden Fragen können mir eine Hilfe sein:

• Was habe ich in dieser Woche über mich gelernt oder erfahren?
• Was hat mir Hoffnung und Mut gemacht?
• Mit welchen Hindernissen hatte ich zu kämpfen?
• Welche Hilfen habe ich erfahren?
• Welches Schriftwort war mir besonders wichtig?
• Was möchte ich konkret verändern?

Ich schreibe auf, was mir wichtig ist und was mir helfen kann

Ich beginne mit Gott ein Gespräch

GEBET

Siehe, Herr,
ich bin ein leeres Gefäß,
das bedarf sehr,
daß man es fülle.
Mein Herr, fülle es,
ich bin schwach im Glauben;
stärke mich.
Ach, Herr, hilf mir,
mehre in mir die Hoffnung.
Alles, was ich hoffe,
ist in dir beschlossen. Amen.

(Nach Martin Luther)

Freundschaftszeichen

Der bekannte Schweizer Schriftsteller und Arzt Paul Tournier berichtet in seinem Buch »Jeder Tag ein Abenteuer« von einer Patientin folgendes Erlebnis: »Wie sie mir erzählte, hatte sie im Alter von ungefähr zwölf Jahren plötzlich den Eindruck einer inneren Erleuchtung. Sie erinnerte sich noch genau an den Ort, wo das geschah; sie befand sich mitten auf einer Brücke über die Rhône. Hier war sie von Freude überflutet worden: Sie hatte die Antwort auf ihre quälende Frage gefunden; sie verstand nun, daß jedwede Handlung, und wäre sie auch ganz bescheiden, nur einen Sinn haben kann, wenn sie mit dem Sinn der ganzen Welt übereinstimmt, wenn sie sich einreiht in die Geschichte der Welt, als kleines, genau in seinen Platz hineinpassendes Teilchen.«[51]

Viele Menschen kennen diese »quälende Frage«. Viele erleben sich lange Zeit ihres Lebens wie ausgeschlossen oder isoliert vom Ganzen der Welt. Sie fühlen sich abgeschoben, fremd, anonym, nicht zugehörig, auch wenn sie äußerlich ihren Platz, ihre Aufgabe und Bestimmung gefunden haben. Ihre Sehnsucht nach Integration, nach Verbundenheit, nach Freundschaft und Einheit ist groß.

In dieser Situation kommt Gott selbst uns zu Hilfe. Er hat uns seinen eigenen Sohn Jesus Christus als *das* Freundschaftszeichen gegeben. In ihm verbindet und eint sich – wenn auch noch verborgen – alles: unser eigenes Leben und das Leben der Mitmenschen, die ganze Schöpfung, Himmel und Erde.

Die einzelnen Tage der kommenden Woche zeigen vielfältige Weisen, wie Gott die Einheit mit uns Men-

schen sucht und wie wir die Freundschaft mit ihm
konkret gestalten und wachsen lassen können.

Jesus betet zum Vater:
Sie sollen eins sein, wie wir eins sind,
ich in ihnen und du in mir.
(Vgl. Joh 17,22 f)

Einfach da sein

Ich lasse mir Zeit.
Ich lasse los, was mich noch beschäftigt.
Im Strom meines Atems bete ich:
Ich bin da – du bist da.

IMPULSE ZUR REFLEXION UND MEDITATION

»Wenn ich mich irgendwo vorstellen muß, erzähle ich, wie sehr ich in meiner Kindheit verschlossen, einsam, ungesellig, eigenartig gewesen bin, wahrscheinlich deswegen, weil ich eine Waise war. Von all meinen Lehrern verstand ein einziger, mein Griechischlehrer am Gymnasium, was ich nötig hatte. Er forderte mich auf, zu ihm in sein Studierzimmer zu kommen. Man stelle sich vor, was das für mich bedeutete, in diese Hochburg der Intelligenz zu gehen, wo ein von mir verehrter Mann mir aufmerksam und gütig zuhörte. Hier fand ich wirklich einen Ort der Geborgenheit ... Der persönliche Kontakt, den er mir in großzügiger Weise entgegenbrachte und den ich später auch bei anderen fand, hat solchen Einfluß auf mich ausgeübt, daß er für meinen Beruf mitbestimmend wurde: Viele Menschen haben später zu mir kommen können, um ihrerseits gerade diese Erfahrung zu machen. Es war also notwendig, daß ich selbst zuerst die Wohltat des persönlichen Kontakts empfing, bevor ich sie anderen weitergeben konnte« (Paul Tournier).[52]

- Ich erinnere mich an Personen, die selbst so da waren, daß ich in ihrer Gegenwart ganz ich selbst sein konnte.

Tournier sagt von sich: »Ich bin ein schweigsamer Mensch. Ich brauche nicht viele Worte zu machen. Mein Dasein, meine wirkliche Gegenwart zählt.«[53] Menschen, die sich gern haben, sind gerne beieinander; das genügt ihnen. Warum? Weil zwischen ihnen etwas fließt, das nicht unbedingt der Worte oder Taten bedarf: Freundlichkeit, Wohlwollen, Güte.

Unser Alltagsleben ist meist von Betriebsamkeit gekennzeichnet. Die Tage und Stunden sind randvoll mit Terminen, Verabredungen, Plänen, Konferenzen, Telefonaten ... Wir gleichen Motoren, die ständig auf Hochtouren laufen. Und obwohl wir ohne Unterlaß tätig sind, haben wir dennoch eine Art Schuldgefühl, weil wir nicht allen Anforderungen gerecht werden, weil uns vieles entgeht, weil wir vieles vernachlässigen, was doch auch noch wichtig wäre. Darin ist ein Geist wirksam, der nicht dem Geist Gottes entspricht.

- Ich spüre nach, ob ich den Unterschied wahrnehme zwischen dem Geist der Betriebsamkeit und dem Geist der Liebe.

Selten sind wir ganz da. Wir wissen oft selber nicht, was uns treibt, antreibt, was uns vertreibt aus dem Augenblick. Unsere irdischen Wünsche zielen oft auf eine Steigerung dessen, was wir haben, was wir können, was wir sind. Die menschliche Vollendung von Gott her erfordert Umkehr auf diesem Weg der irdischen Perfektion und vertrauensvolle Übergabe an Gott. Wie wohl tut es, einem Menschen zu begegnen, der gelassen ist, dessen Wünsche ruhen, der ganz aufmerksam, ganz offen, ganz gegenwärtig, der ganz da ist.

110

- Ich versuche jetzt einmal, meine Wünsche und Pläne, alles, was mich umtreibt, einen Augenblick zu lassen, um ganz da zu sein: aufmerksam, offen, gegenwärtig – vor Gott.

Freundschaft, Liebe ist Dasein für den anderen, für Gott. Wenn ich ganz offen da bin, kann Gott in mir da sein für meine Mitmenschen; er hat sich dem Mose offenbart mit den Worten:

Ich bin der »Ich-bin-da«.
(Ex 3,14)

GEBET

Gott, du bist da.
Ich bin noch nicht ganz da.
Immer ist etwas in mir, das mich ablenkt.
Ich möchte wie du da sein können –
für dich, für meine Mitmenschen.
Ich möchte ganz gegenwärtig sein.
Laß mich dir ein wenig ähnlich werden,
du, dessen Name ist »Ich-bin-da«.

IMPULS FÜR DEN TAG

Ich versuche immer wieder, aus der Betriebsamkeit auszusteigen und ganz da zu sein – für Gott, für meine Mitmenschen, für das Tun im Augenblick.

Die große Überraschung

Ich schließe die Augen, lasse, was war, werde wach und offen.

IMPULSE ZUR REFLEXION UND MEDITATION

Der bekannte Kapuziner Walbert Bühlmann begann einmal folgendermaßen einen Vortrag: »Sehr geehrte Damen und Herren, in meinen Büchern schrieb ich über Weltkirche, Weltreligionen, Weltarmut, auch Kirchenfuturologie und Kirchenkritik. Dies alles lasse ich stehen ... Aber es kam mir plötzlich einmal eine Einsicht: Ich ... erkannte, daß solche Welthorizonte zwar wichtig sind, aber ... neben diesen Welthorizonten fragt sich jeder Mensch: ›Was geschieht mit mir? Was ist meine Aussicht?‹ Dabei ist mir gleichzeitig die Idee gekommen, daß unser Leben eine Kette von Überraschungen darstellt. Und daß am Ende dieser Kette die große Überraschung, nämlich Gottes Überraschung auf uns wartet.«[54]

Der Tod als große Überraschung? Er erschreckt uns doch. Verneint er nicht unser Leben und alles, was uns lieb ist? Natürlicherweise stellt er sich uns dar als bitterer Abschied, radikale Enteignung, schmerzhafter Zusammenbruch, als das Ende unserer Möglichkeiten. Daher hat er kaum Platz in unserem Denken. Er wird verdrängt. Aber je weniger wir ihn in unser Leben integrieren, um so mehr bedroht und vergiftet er es insgeheim.

• Ich spüre nach, wie ich spontan reagiere, wenn ich an meinen Tod denke.

Wir können dem Tod nicht entrinnen; seine Vorboten tauchen immer wieder in unserem Leben auf. Unser Weg durch diese Zeit ist bereits ein Weg des Sterbens mit vielen Abschieden, Ent-Täuschungen, Ent-Sagungen, Ent-Machtungen. Aber verlierend gewinnen wir. Vergängliches verlieren wir und gewinnen Beständiges. Wir werden innerlich reifer, wachsen an Erfahrung, Erkenntnis, Tragfähigkeit ..., vorausgesetzt, daß wir offen sind zum Lernen: durch das Leben selbst und durch die Weisungen Gottes. Unser äußerer Mensch wird zwar aufgerieben; der innere aber wächst mit jedem Tag tiefer hinein in ein verborgenes, anderes, neues Sein. So erweist sich, daß im Sterben neues Leben verborgen ist. »Ich glaube keinen Tod. Sterb' ich gleich alle Stunden, so hab ich jedesmal ein besser Leben funden«, schreibt Angelus Silesius.

• Ich überlege, welche »Sterbeerfahrungen« mir Wachstum an innerem Leben gebracht haben.

»End-lich sein. Endlich sein? Vielleicht ist das eine ein Tor zum anderen«, so Karin Frammelsberger.[55] Abschiedlich leben, Erlösung durch Lösung, Lösung von Täuschungen, vom Begehren; lassen, was das Leben nimmt, staunend sehen und empfangen, was es gibt. »Dann steht nichts mehr zwischen uns und dem Leben, zwischen uns und Gott, der die Liebe ist.« Liebe ist das bedingungslose Erkennen und Anerkennen des bloßen Seins, des bloßen anderen Menschen und Gottes. Nicht nur: Ich liebe dich, wie du bist, ich liebe das Leben, wie es ist, ich liebe Gott, wie er ist und was immer er tut, sondern mehr noch: Ich liebe dich, weil du bist. Ich liebe das Leben, weil es ist, ich liebe Gott –

bedingungslos. So liebt Gott uns. »Das Sterben und diese Liebe haben viel miteinander zu tun. Das Sterben nimmt uns alle Hüllen und Masken und schafft Raum für eine Liebe, die frei ist von Täuschungen, Erwartungen und Bedingungen. Diese Liebe bleibt.« Sie ist Leben in Fülle, Gottes große Überraschung für uns.

Kein Auge hat es gesehen,
kein Ohr hat es gehört
und in keines Menschen Herz ist es gedrungen,
das Große, das Gott denen bereitet hat,
die ihn lieben.
(1 Kor 2,9)

• Ich bitte um den Glauben an diese Liebe, die stärker ist als der Tod.

GEBET

Ich danke dir, Herr, für deine unendliche Geduld,
mit der du mich im Alltag meines Lebens frei machst,
ent-lastest, ent-schuldigst, ent-täuschst.
Laß mich hineinwachsen in die Freundschaft mit dir,
laß mich dir bedingungslos vertrauen
und in Freude erwarten,
was nur du schenken kannst. Amen.

IMPULS FÜR DEN TAG

Den heutigen Tag so gelöst leben, als wäre es mein letzter Tag.

Hand in Hand

Einstimmung

Ich beginne meine Meditation mit einem Zeichen und komme zur Ruhe. Ich darf da sein, wie ich bin. Gott sieht mich. Ich darf mich geborgen wissen unter seinem liebenden Blick.

Impulse zur Reflexion und Meditation

»Vor einigen Wochen«, so schreibt Henri Nouwen, »war ich überzeugt, nach Berlin fahren zu müssen, um mit eigenen Augen die radikalen Veränderungen zu sehen, die in Europa ... stattfinden. Ich bin nicht gefahren. Ich weiß nicht genau warum, doch als ich meiner inneren Stimme aufmerksam lauschte, wußte ich, daß ich mich von der großen Menge, den lärmenden Debatten und großen politischen Bewegungen fernhalten mußte.« Er fragte sich: »Wie soll ich ... leben? Die Antwort kam rasch: in tiefer Verbundenheit mit Jesus. Jesus wird und soll für immer das Zentrum meines Lebens sein. Es genügt nicht, daß Jesus mein Lehrer, ... meine Quelle der Inspiration ist. Es genügt nicht einmal, daß er der Gefährte auf meiner Reise ist, mein Freund und mein Bruder. Jesus muß zum Herz meines Herzens werden, ... zum Geliebten meiner Seele ... Er muß mein einziger Gedanke werden, meine einzige Sorge, mein einziges Verlangen. Die abertausend Menschen, Ereignisse, Ideen ..., die mich ... beschäftigen, müssen alle eins werden in dem einen und einzigen Namen: Jesus.«[56]

- Henri Nouwen antwortet auf die Frage: »Wie soll ich leben?« mit den Worten: »in tiefer Verbundenheit mit Jesus«. – Wie lautet meine Antwort?

Nouwen fuhr nicht nach Berlin, sondern nach Lourdes, zu dem großen französischen Marienwallfahrtsort. Offenbar war er selbst erstaunt über seine Entscheidung. Denn er fragte sich, warum er hierher gefahren sei, und fand die Antwort: »Um Jesus mein Leben zu weihen ... Doch wie soll dies geschehen? Maria ist hier, um mir den Weg zu zeigen ..., um mich an die Hand zu nehmen und mich zu rückhaltloser Verbundenheit mit ihrem Sohn zu führen ... Ich vertraue darauf, daß sie mir mein Herz für eine neue Begegnung mit Jesus öffnet. Maria zeigt mir, daß es darauf ankommt, mit dem inneren Ort in mir in Berührung zu sein. Dann werde ich erfahren, was es heißt, Kind Gottes zu sein, von Gott bedingungslos geliebt zu werden.«

- Ich gehe den Erfahrungen Nouwens nach und erbitte mir, was ich ersehne.

Es ist notwendig, daß wir erwachsen werden, daß wir uns nicht an (Ersatz-)Väter und -Mütter hängen, um bei ihnen Liebe, Geborgenheit, Sicherheit ... zu suchen und letztlich nicht zu finden. Doch wir sind und bleiben und dürfen immer mehr werden: Kinder Gottes. Darin besteht unsere unvergleichliche menschliche Größe.

Seht, wie groß die Liebe ist,
die der Vater uns geschenkt hat:
Wir heißen Kinder Gottes, und wir sind es.
(1 Joh 3,1)

• Ich spüre nach, was dieses Schriftwort in mir aus-
löst.

Maria ist Mutter der Kirche und unsere Mutter. An ihrer Hand werden wir wie von selbst in die Liebe Gottes hineinwachsen, sie glaubend annehmen, so daß
diese Liebe uns wandeln kann. Maria betet für uns
und hilft uns beten: »Sie will, daß wir in der Welt leben in vollem Wissen um die ›Liebe, die uns der Vater
erzeigt, daß wir Kinder Gottes heißen sollen.‹«[57]

GEBET

Mein Vater, ich überlasse mich deinen Händen.
Laß mich Hand in Hand mit dir meinen Weg gehen,
laß mich wollen, was du willst,
denn du bist die Liebe, und dein Handeln ist Liebe.
Du hast mir Jesus als Freund und Bruder geschenkt.
Er zeigt mir den Weg, so zu werden,
wie du mich gedacht hast: dein Ebenbild, dein Kind.
Mein Wunsch ist es, dich so zu lieben,
daß meine Liebe dich freut,
dir so zu vertrauen, daß mein Vertrauen dich ehrt.
Laß alle Menschen deine Freundschaft erfahren,
damit wir miteinander in Frieden leben. Amen.

IMPULS FÜR DEN TAG

Heute Hand in Hand mit Maria zu Jesus und zum Vater gehen.

Die beste Medizin

EINSTIMMUNG

Ich öffne mich für Gottes Blick. Er darf mich so sehen, wie ich bin.

IMPULSE ZUR REFLEXION UND ZUR BEWUßTSEINSPRÜFUNG

In unserer Welt gibt es eine schlimme Krankheit. Sie ist sowohl erblich als auch ansteckend. Viele Menschen sind von ihr befallen. Sie irren durch die Welt und suchen in den gesellschaftlichen Angeboten vergeblich nach Medizin und Heilung.

Jede/r von uns ist von dieser Krankheit infiziert und lebt inmitten von Menschen, die von ihr befallen sind. Deshalb kennen wir die Symptome aus unmittelbarer Erfahrung. Weniger gut wissen wir, wie die Krankheit zu heilen ist. – Sie heißt Egoismus.

»Nicht nur, weil der Mensch Sünder ist, bedarf er der Nähe Gottes als einer vergebenden Kraft, sondern auch, weil er in sich nicht genesen kann und für sich nicht leben kann. Erst in der Beziehung zu Gott erfahren Menschen, was ihnen immer schon fehlt, was sie zu unvollkommenen, unheilen Wesen macht ... Die Beziehung zu Gott bedeutet für den Menschen Heilung. Heilung gibt es für den Menschen nur durch die Beziehung zu Gott« (Ralf Miggelbrink).[58] Jesus hat als Zeichen seiner Freundschaft immer wieder Menschen berührt und sie an Leib und Seele geheilt. Als beste Medizin hat er uns das Sakrament der Versöhnung geschenkt. »Wenn wir unsere Sünden bekennen, ist er treu und gerecht; er vergibt uns die Sünden und reinigt uns von allem Unrecht« (1 Joh 1,9).

Ich bin eingeladen, in einem bekennenden Gebet und möglicherweise auch zur Vorbereitung auf die heilige Beichte darüber nachzudenken,

- wie ich durch mein egoistisches Verhalten in Not und Schwierigkeiten geraten bin
- wie ich durch mein Verhalten andere Menschen in Verlegenheit, Traurigkeit, Nöte und Schwierigkeiten gebracht habe, ja ihnen Anlaß zur Sünde war
- welche Schuldgefühle mir immer wieder zu schaffen machen, welches Tun ich immer wieder rechtfertigen muß
- wo ich mich meiner Verantwortung entziehe und warum
- wie ich immer wieder Gott und der Begegnung mit ihm ausweiche und vor ihm weglaufe
- wie Gott mir nachgegangen ist mein Leben lang, wie er mich durch Ereignisse und Menschen aufmerksam gemacht und ermahnt hat
- welche Geduld er mit mir hatte, was Jesus für mich getan und auf sich genommen hat ...
- Dann halte ich mit dem gekreuzigten Jesus ein Zwiegespräch. »Christus, unseren Herrn, mir gegenwärtig und am Kreuz hängend vorstellen und ein Gespräch halten: wie er denn als Schöpfer dazu kam, sich zum Menschen zu machen und vom ewigen Leben zum zeitlichen Tod niederzusteigen und so für meine Sünden zu sterben ... Das Gespräch wird mit richtigen Worten gehalten, so wie ein Freund mit seinem Freunde spricht« (Ignatius von Loyola).[59]

Christus hat unsere Sünden mit seinem Leib
auf das Holz des Kreuzes getragen ...
Durch seine Wunden seid ihr geheilt.
(1 Petr 2,24)

GEBET

Jesus, du bist mein Freund,
du bist der Arzt, der mich heilen kann.
Dir vertraue ich mich bedingungslos an.
Laß mich spüren, daß du mich liebst.
Ich bringe dir alle meine Fehler und Sünden.
Lege deine Hand auf mich;
nimm alle Schuld von mir.
Mein ganzes Leben lege ich in deine Hände.
Heile mich! Rette mich! Segne mich! Amen.

IMPULS FÜR DEN TAG

Heute einfach zu mir stehen, besonders zu meinen
Schwächen: mich nicht rechtfertigen, nichts beschö-
nigen, nicht ausweichen.

Brot der Versöhnung

EINSTIMMUNG

Ich beginne meine Meditation wie gewohnt. Ich darf mir jetzt Zeit nehmen – Zeit für mich, Zeit für Gott.

IMPULSE ZUR REFLEXION UND MEDITATION

Bei einer Reise in seine polnische Heimat besuchte Papst Johannes Paul II. Lichen, einen Marienwallfahrtsort zwischen Warschau und Posen. »In ihrer regelmäßigen Kolumne im Krakauer ›Tygodnik Powszechny‹ gibt die bekannte Feuilletonistin Józefa Hennelowa einige persönliche Eindrücke von ihrem Besuch in Lichen wieder ... (Sie richtet) dabei ihre Aufmerksamkeit auf zwei scheinbare Kleinigkeiten. Die erste betrifft das Marienbild selbst ... Tief anrührend wirkt auf die Autorin das Gesicht Mariens, und das gerade durch seine ›menschliche Häßlichkeit und Sorge‹ ... In dieser Armut kommen sich die Pilger und Maria nahe.
Der zweite Punkt, der Józefa Hennelowa beeindruckte, ist das ›Brot der Versöhnung‹, das es in Lichen gibt. Die Pilger, die mit ihren familiären Nöten und Konflikten in die Basilika kommen und dort beichten, werden vom Beichtvater ›verpflichtet‹, die erlangte Versöhnung mit Gott auch in ihren Alltag hineinzutragen. Um diesen Schritt leichter vollziehen zu können, sollen die Pilger das auf dem Gelände der Wallfahrtsstätte gebackene Brot mitnehmen und es mit dem bisherigen Feind oder Gegner brechen. ›Das hilft‹, sagte der Autorin ein dort tätiger Pater ... ›Ein Symbol,

121

das akzeptiert und angeeignet ist, hilft immer‹, stellt die Journalistin fest und wünscht sich, daß das ›Brot der Versöhnung‹ weit über Lichen hinaus gereicht und miteinander geteilt wird, daß es zu dem beiträgt, was es symbolisch bezeichnet« (Christian Heidrich).[60]

- Das Brot der Versöhnung brechen – wie könnte das für mich aussehen? Womit liege ich im Streit, im Widerstreit – mit mir, mit anderen?

Endlich Frieden haben, ein Ende der Gewalt, des Streites in den Familien, zwischen Menschen und Völkern erleben, endlich einander achten und verstehen und wie Freunde miteinander leben – das ist die unerfüllte Sehnsucht der ganzen Welt.

»Wir, wie wir sind, das ist der Kelch, den der Vater seinem Sohn zu trinken gibt.« Unsere Welt mit ihrer Unversöhntheit hat dennoch »ihren Ort in der Einheit zwischen Vater und Sohn. Gerade in unseren Spannungen miteinander, gerade unser Am-Ende-Sein miteinander, unser uns trennendes Nichtverstehen, unser Schuldigsein aneinander werden zum Rohstoff, aus dem mitten in unserer Welt die göttliche Einheit Gestalt gewinnen soll in unserer Einheit miteinander. Diese Einheit kann gewiß nicht ›gemacht‹ werden ... Sie ist letztlich Geschenk. Darum ist das Gebot der Einheit von Jesus nicht ausgesprochen als Gebot, sondern als Bitte an den Vater, daß er uns gebe, eins zu sein« (Klaus Hemmerle).[61]

Jesus erhob seine Augen zum Himmel und sprach:
Vater, die Stunde ist da ... Alle sollen eins sein:
Wie du, Vater, in mir bist und ich in dir bin,
sollen auch sie in uns sein, damit die Welt glaubt,
daß du mich gesandt hast.
(Joh 17,1.21)

Jesus,
du hast für uns um Einheit gebetet.
Du kennst uns und unsere Unversöhntheit.
Du weißt, wie sehr wir uns gegenseitig
auf die Nerven gehen,
wie wenig Geduld wir haben –
mit den anderen und mit uns selbst.
Du kennst unsere Verwundungen.
Immer wieder sehen wir die Schuld bei den anderen.
Du allein kannst Versöhnung schaffen.
Du allein kannst die Mauern
zwischen uns niederreißen und uns einen.
Ich bitte dich, mach uns und die ganze Welt
eins in dir.
Amen.

IMPULS FÜR DEN TAG

Heute als Freundschaftszeichen Versöhnung erbitten
und gewähren.

Von Herz zu Herz

Ich betrachte in Ruhe das Bild »Jesus und Thomas«.[62]

Begegnung zwischen zwei Freunden:
Jesus und Thomas.
Augen, Hände, Herzen, die zueinander finden.
Ich verweile in diesem Begegnungsgeschehen.

Jesus wendet sich auch uns zu. Er kennt uns bis in unsere Tiefen hinein. Er weiß, wie uns zumute ist. Er kennt unser Herz. Er nennt uns beim Namen. In seinem Herzen sind wir geborgen für Zeit und Ewigkeit. Er sagt: »Kommt alle zu mir, die ihr euch plagt und schwere Lasten zu tragen habt. Ich werde euch Ruhe verschaffen« (Mt 11,28).
In ihm, unserem Freund, findet unser unruhiges Herz Frieden.

Mein Kind, schenk mir dein Herz.
(Spr 23,26)

• Ich schaue auf das Bild und beginne mit Jesus ein Gespräch.

»Immer wieder aufs neue (muß) gesagt werden, daß die Mitte der Welt und der Wahrheit ein Herz ist, ein Herz, das sich allen Schicksalen ausgesetzt hat, das alle Schicksale ausgelitten hat, nicht vor ihnen flüchtete in die tote Herzlosigkeit dessen, an den kein brennendes Schicksal mehr herankommt, weil er tot, anstatt in Liebe gestorben ist. Das vollendete Herz ist das durchbohrte, das ausgeronnene Herz, das Herz, das vor dem Wagnis der Liebe nicht darum zurückscheute und sich für sich zurückbehielt, weil dieser Liebe die Antwort verweigert wurde« (Karl Rahner).[63]

GEBET

Herz des lebendigen Herrn Jesus Christ,
du bist das leuchtende Ziel der Schöpfung.
Herz, das auf pochendem Grunde
das Gottesmeer trägt,
das jedem von uns aus offener Wunde
entgegenschlägt:
Ich bin da für dich.

(Silja Walter)[64]

IMPULS FÜR DEN TAG

Heute mit dem Herzen beten, sehen, denken, reden,
handeln.

Rückblick auf die Woche

Einstimmung

Ich beginne wie gewohnt und komme zur Ruhe.

Ich mache mir bewusst, dass Gott da ist

Für eine Weile schließe ich die Augen und öffne mich für die Wirklichkeit, daß Gott, mein treuester Freund, mir immer nahe ist – auch jetzt.

Ich schaue mir die vergangene Woche an

Ich gehe die Notizen der einzelnen Tage noch einmal durch.

- Was war mir in der vergangenen Woche wichtig, welche Gedanken,
  - Ereignisse,
  - Begegnungen,
  - Erfahrungen,
  - Beunruhigungen,
  - Freuden?
- Worin erkenne ich Zeichen der Freundschaft Gottes?
- Wofür möchte ich Gott besonders danken?
- Wofür kann ich noch nicht danken?

Ich halte schriftlich fest, was mir wichtig und kostbar ist

GEBET

Es segne uns der Gott des Erbarmens:
der Vater, von dem alles Leben ausgeht,
die Mutter, die alle in die Arme nimmt.
Es segne uns der Gott des Erbarmens:
der Gefährte, der uns begleitet,
der Freund, der mit uns geht:
Jesus Christus: Gottes Sohn.
Es segne uns der Gott des Erbarmens:
die Lebenskraft, die uns innewohnt,
der Geist, der unser Herz bestimmt:
der Heilige Geist Gottes.
Er segne uns in allen Höhen, in allen Tiefen,
jetzt und in alle Ewigkeit. Amen.

(Anton Rotzetter)[65]

Heilszeichen

»Vor einiger Zeit«, so berichtet Bischof Georg Moser, »habe ich mit einem Maurer gesprochen. Er schichtete Stein auf Stein und sagte zu mir: ›Wissen Sie, für irgendeinen, der hier zusieht, hat das keine Bedeutung. Da bin ich eben ein schlichter und vielleicht gar ein fauler Maurer. Das bin ich aber nicht. Ich weiß bei jedem Stein, wie er sitzen muß, ich weiß, wie er halten kann. Und ich weiß, daß ich selber mit meinem Leben so ein Stein bin. Ich habe, auch wenn diese Wand verputzt ist, wenn niemand mehr daran denkt, daß hier Menschen gearbeitet haben – ich habe sozusagen an einer Stelle mit dazu beigetragen, daß die Welt hält.‹«[66]

Wie viele Menschen sind beschäftigt, damit die Welt hält, damit ich z. B. morgens nach meiner Gewohnheit aufstehen, mein Brot essen, die Zeitung lesen, mein Auto starten oder in die U-Bahn einsteigen kann ... Eine ungeahnte Zahl von Personen ist daran beteiligt, die Voraussetzungen für ein menschenwürdiges Dasein zu schaffen.

In der fünften Fastenwoche bedenken wir die Bedingungen für ein geistliches Leben mitten in unserer Welt, in unserem Alltag. Daß die Welt hält, ist ein Gemeinschaftswerk: Gott will, daß wir Menschen mit ihm zusammenwirken, um den Bau der Welt zu vollenden. Wir sind eingeladen, beizutragen, daß Gottes Geist unser persönliches Leben und die gesamte Schöpfung belebt und heil macht. Dabei schauen wir immer neu auf *das* Heilszeichen in unserer Welt: auf Jesus Christus. Er als der Schlußstein hält das Haus unserer Welt zusammen.

Ihr seid ... Hausgenossen Gottes.
Ihr seid auf das Fundament
der Apostel und Propheten gebaut;
der Schlußstein ist Christus Jesus selbst.
Durch ihn wird der ganze Bau zusammengehalten
und wächst zu einem heiligen Tempel im Herrn.
Durch ihn werdet auch ihr im Geist
zu einer Wohnung Gottes erbaut.

(Eph 2,17–22)

Schriftzeichen

Einstimmung

Jesus sagt: Ich werde euch Ruhe verschaffen.
Ich schließe die Augen und stelle mir vor,
daß Jesus mir dieses Wort zuspricht.

Impulse zur Reflexion und Meditation

In dieser Woche geht es darum, Weichen zu stellen,
um uns selbst zu einem Tempel Gottes im Geist auf-
erbauen zu lassen. Eine einfache Weise, sich täglich
durch das Wort Gottes zu erneuern, ist die »Lectio Divina«, die geistliche Schriftlesung. Wie sie »geht«, hat
Enzo Bianchi, der Gründer der ökumenischen Gemeinschaft BOSE in Norditalien, einem Jugendlichen
in dem folgenden Brief nahezubringen versucht:

Mein lieber Johannes!

*Wenn Du Dich in diese betende Lesung vertiefen willst,
mußt Du Dir zuerst einen stillen, ruhigen Platz suchen, wo
Du im Verborgenen mit Deinem Vater sprechen kannst. Das
Zimmer ist besonders geeignet, um die Gegenwart Gottes
zu erfahren (vgl. Mt 6,5-6).*
*Versuche den Ort und die Zeit für die Lectio Divina so zu
wählen, daß auch die äußere Stille gewährleistet ist, denn
sie ist die notwendige Vorstufe für das innere Schweigen.*
*»Der Meister ist da und ruft Dich« (Joh 11,38), und Du
mußt alle anderen Stimmen zum Schweigen bringen, um
seine Stimme zu hören. Manche Zeiten sind für diese Stille
günstiger als andere: um Mitternacht, am frühen Morgen,
am späten Abend. Stimme sie mit Deinem Arbeitspensum
ab, aber halte diese Zeit treu ein, und lege sie in Deinem Ta-*

gesablauf ein für allemal fest. Es gehört sich nicht, nur dann zum Herrn zu beten, wenn sich ein freier Moment zwischen Deinen Verpflichtungen findet, als ob der Herr ein Lücken-büßer wäre. Sei in den Herrn ›verliebt‹ oder versuche es zu werden. Dann wirst Du nicht versäumen, ihm ein wenig von der Zeit zu widmen, die Du täglich und mühelos für Deine Freunde oder Verwandten übrig hast.

Achte darauf, daß Du dem Herrn ein weites und gütiges Herz entgegenbringst. Das Herz ist für das Wort geschaffen, und das Wort ist für das Herz da. Dein Herz, Dein ganzes Sein ist ein Tempel, eine menschlich-göttliche Wirklichkeit. Rufe den Heiligen Geist an. Nimm zur Vorbereitung Psalm 119 zu Hilfe. Wenn Du die Bibel zur Hand genommen hast, lege sie ehrfürchtig vor Dich hin, weil sie der Leib Christi ist. Der Heilige Geist hat das Wort hervorgebracht ... Ohne das Kommen des Heiligen Geistes bleibt die Lectio Divina eine menschliche Übung, eine geistige Anstrengung, höch-stens eine Bemühung um Weisheit, aber nicht um göttliche Weisheit. Versuche, den Text Deinem Herzen einzuprägen. Gott spricht, und die Lectio Divina ist nur ein Mittel, um zu hören. Gott offenbart sich Dir. Nimm sein liebendes Antlitz in Dich auf. Gott belehrt Dich: gestalte Dein Leben nach dem Bild seines Sohnes. Gott liefert sich Dir aus in seinem Wort: nimm es auf wie ein Kind.

Bete! Sprich jetzt zu Gott, antworte ihm. Halte Dich nicht mehr bei zu vielen Überlegungen auf, sondern sprich mit ihm wie ein Freund zum Freunde.

Die Lectio Divina will Dich zu jener unaussprechlichen Er-fahrung der göttlichen Gegenwart führen, wo Du als der Ge-liebte die Worte des Liebenden in Freude, Ergriffenheit und Selbstvergessenheit betrachtest und nachsprichst. Bewahre, was Du gesehen, gehört und verkostet hast, bewahre es im Herzen und im Gedächtnis.

Geh mitten unter die Menschen und gib ihnen von dem Frieden und dem Segen, den Du empfangen hast. Du wirst auch die Kraft erhalten, gemeinsam mit ihnen in Deinem sozialen, politischen und beruflichen Wirken das Wort Gottes wirksam zu machen. Gott braucht Dich als Werk-zeug in der Welt, um ›einen neuen Himmel und eine neue Erde‹ zu schaffen.[67]

- Ich lese den Brief als an mich gerichtet.
- Wenn ich mich angesprochen fühle, überlege ich, wie ich die Geistliche Schriftlesung künftig in meinen Tagesablauf einbauen kann. Es empfiehlt sich, mit dem Neuen Testament zu beginnen.

Jesus spricht: Wer aus Gott ist, hört die Worte Gottes.
(Joh 8,47)

GEBET

Aus Psalm 119: Lobgesang auf Gottes Wort
Dein Wort ist meinem Fuß eine Leuchte,
ein Licht für meine Pfade.
Herr, ganz tief bin ich gebeugt,
durch dein Wort belebe mich.
Deine Vorschriften sind auf ewig mein Erbteil;
denn sie sind die Freude meines Herzens.
Deine Worte sind rein und lauter;
dein Knecht hat sie lieb.
Laß meine Seele leben, damit sie dich preisen kann.
Deine Entscheidungen mögen mir helfen.

IMPULS FÜR DEN TAG

Heute ein Wort Jesu oder ein Wort aus Psalm 119 mit in den Tag nehmen.

Die kleine Ziege

EINSTIMMUNG

Gott, wenn ich noch nicht da bin, bist du schon da
und wartest ...
Ich schließe die Augen und lasse diese Wahrheit bei
mir ankommen.

IMPULSE ZUR REFLEXION UND MEDITATION

Eine kleine Ziege entdeckt einen geheimnisvollen
Duft. Sie spürt ihm nach. Ah, der Duft entströmt den
Blumen da vorne! Als sie die Blumen erreicht und ge-
fressen hat, merkt sie: Der Duft ist immer noch da. Sie
wendet ihren Kopf nach links. Ja, von dort kommt der
Wohlgeruch! Sie läuft hin, doch die Duftquelle findet
sie nicht. Wohin sie ihren Kopf auch wendet, der Duft
lockt sie an. Ganz verwirrt eilt sie mal hierhin, mal
dorthin, nach rechts und nach links, kehrt um, dreht
sich im Kreis, bis sie schließlich erschöpft zusam-
menbricht. – Der Duft strömte aus der Moschusdrüse
ihres eigenen Körpers.
Ergeht es uns Menschen oft nicht wie der kleinen Ziege? Wir sind ein Leben lang auf der Suche. Eine un-
stillbare Sehnsucht läßt uns nicht zur Ruhe kommen.
Ernesto Cardenal schreibt: »Alle Welt trägt einen
Wunsch mit sich, viele Wünsche, eine Unendlichkeit
von Wünschen: noch ein Gläschen, noch ein Stück
Kuchen, noch ein Blick, noch ein Wort, noch ein Kuß,
noch ein Buch, noch eine Reise. Mehr und immer
mehr ... Der Mensch denkt immer, mit ein wenig

mehr hätte er schon genug, aber immer wünscht er dann doch noch mehr und mehr.«[68]

• Traue ich Gott zu, daß er mich glücklich machen kann und will?

Wenn – wie bei vielen Menschen – völlig unbewußt die Bedürfnisse das Denken, Planen und Handeln steuern, dann ist die Sichtweise bestimmt von dem, was mir fehlt, was ich *nicht* habe. Mit dieser Sichtweise werde ich nie dankbar, zufrieden, glücklich sein. Denn »die Menschen sind mit den Dingen dieser Erde nie zufrieden ... Unser Sein ... ist entworfen worden, um Gott zu lieben, um Ihn zu besitzen und Ihn zu genießen ... Und darum sind wir nur mit Gott glücklich« (ebd.). Er wohnt tief in unserer eigenen Seele.

Wenn wir uns ihm zuwenden, d. h. die sichtbaren irdischen Güter übersteigen, finden wir einen Frieden, der unsere »Weltanschauung« langsam verändert. Wir bekommen in den Blick, was wir haben, was Gott uns geschenkt hat und schenkt, und werden zufrieden, froh, glücklich – durch das Wirken des Geistes, der unsere Augen erleuchtet.

»Picasso hatte recht, als er sagte, wir wüßten nicht, was ein Baum oder ein Fenster ist. Alle Dinge sind seltsam und geheimnisvoll ... Die Liebe Gottes umgibt uns von allen Seiten. Seine Liebe ist das Wasser, das wir trinken, die Luft, die wir atmen, und das Licht, das wir schauen. Alle natürlichen Phänomene sind nichts anderes als verschiedene materielle Formen der Liebe Gottes. Wir bewegen uns in seiner Liebe wie der Fisch im Wasser. Und wir sind so nahe bei Ihm, so durchtränkt von Seiner Liebe und Seinen Gaben (wir selbst sind eine Gabe Gottes), daß wir es gar nicht merken« (ebd.).

Wer Christus findet, darf in ihn hinein den »alten Menschen« sterben lassen, der nur sieht, was ihm fehlt; und auferstehen wird ein »neuer Mensch«, der sieht, was ihm geschenkt ist.

Aus seiner Fülle haben wir alle empfangen
Gnade über Gnade.

(Joh 1,16)

- »Dankt dem Vater mit Freude!« (Kol 1,12). Ich nehme mir Zeit, um zu erspüren, was Gott mir in diesem Augenblick schenkt:
- Ich denke an meinen Leib. Was bedeutet es, Augen zu haben und sehen zu können ... Ich danke Gott dafür. Ich danke ihm für die sichtbare Schöpfung.
- Ich danke für meine Ohren, für die Welt der Klänge, der Sprache, für alles, was ich hören kann ...
- Ich danke für alles, was ich riechen und schmecken kann: die köstliche vielfältige Nahrung, die Welt der Düfte ...
- Ich denke an meinen Geist. Was bedeutet es, denken, erinnern, planen zu können ... Ich danke.
- Ich sehe mein Zimmer wie mit neuen Augen. Was bedeutet es, ein Zimmer, eine Wohnung, ein Haus zu haben. Ich danke für alles.
- Ich denke an meine Familie, meine Freunde und Mitmenschen und was sie mir bedeuten. Ich danke für jede/n.
- Ich denke daran, was Jesus für mich getan hat, und danke.

IMPULS FÜR DEN TAG

Der Benediktiner David Steindl-Rast hat irgendwann angefangen, Gott jeden Tag für etwas Neues zu danken. Er schreibt, bis jetzt sei ihm der Stoff noch nie ausgegangen. Eine Anregung für mich.

Ein Segen sein

EINSTIMMUNG

Ich lasse mich nieder und versuche, äußerlich und innerlich zur Ruhe zu kommen. Ich nehme wahr, was mich noch stört. Mit dem Strom des Atems bete ich: Weg von mir – hin zu dir.

IMPULSE ZUR REFLEXION UND MEDITATION

Wie wir beitragen können, daß unsere Welt zu einer Wohnung Gottes wird, kann das folgende Erlebnis von Henri Nouwen veranschaulichen: »Erinnerst du dich noch, wie du mich eines Samstagmorgens in New York City in die Synagoge mitgenommen hast? ... Ein dreizehnjähriger Jugendlicher wurde von seiner Gemeinde in den Erwachsenenstand aufgenommen ... Der Rabbi und seine Freunde bestätigten ihn, und seine Eltern gaben ihm ihren Segen. Es war das erste Mal, daß ich eine ›Bar-Mitzvah-Feier‹ miterlebte, und ich war tief davon betroffen – vor allem vom Segen der Eltern. Immer noch höre ich den Vater sagen: ›Mein Sohn, was immer dir in deinem Leben geschehen wird, ob du erfolgreich sein wirst oder nicht, ob du berühmt werden wirst oder nicht, ob du gesund bleiben wirst oder nicht – denke immer daran, daß deine Mutter und ich dich über alles lieben.‹ Als er dies im Angesicht der Gemeinde sagte und dabei voll Zuneigung den Jungen anschaute, der vor ihm stand, kamen mir die Tränen in die Augen, und ich dachte: ›Was für eine Gnade ist doch ein solcher Segen.‹«[69]

- Ich halte inne und versuche mit dem Herzen zu erspüren, was hier geschieht.

Segen empfangen heißt: sich in das Licht Gottes stellen und seine Freigebigkeit, seine Gnade erhalten. Segnen heißt: Gottes Ja zu mir weitergeben. Weil der Segen nicht dem Tun des Menschen entspringt, sondern von Gott kommt, berührt er die Ebene des Seins und schafft eine neue Wirklichkeit.

Im Epheserbrief lesen wir: »Der Vater hat uns mit allem Segen seines Geistes gesegnet durch unsere Gemeinschaft mit Christus im Himmel« (1,3). Als Jesus die Erde verließ, war seine letzte Geste eine Segnung: »Während er sie segnete, verließ er sie und wurde zum Himmel emporgehoben« (Lk 24,51). Diese Kraft zu segnen hinterließ er seiner Kirche, uns allen.

- Ich spüre nach, was es bedeutet, unaufhörlich von Gott bejaht und gesegnet zu werden.

Auch mir gilt das Wort Gottes an Abraham: »Ein Segen sollst du sein« (Gen 12,2). Wenn wir einander segnen, geben wir das Ja Gottes zu uns weiter.

- Ich überlege, wie/wodurch ich ein Segen für andere bin bzw. werden kann, z. B. indem ich
  - mich selbst in der Frühe des Tages und am Abend mit allen, die ich im Herzen trage, durch das Kreuzzeichen mit Weihwasser ganz bewußt unter Gottes Segen stelle
  - am Morgen und am Abend meine Kinder segne – die kleinen mit einem Segenskreuz auf der Stirn, die größeren mit einem stillen Segensgebet
  - unser Haus, unseren Ort, unser Land, die Welt segne
  - Menschen, mit denen ich Schwierigkeiten habe

oder die in schwierigen Situationen sind, den Segen Gottes erbitte, ähnlich dem folgenden Segensgebet:

Der Herr segne dich und behüte dich.
Der Herr lasse sein Angesicht über dich leuchten
und sei dir gnädig.
Der Herr wende sein Angesicht dir zu
und schenke dir Heil.
(Num 6,24–26)

GEBET

Herr, laß mich heute für andere ein Segen sein.
Ich fange bei mir an, bei meinem Herzen.
Ich halte dir mein Herz hin
und bitte dich, es mit Frieden zu erfüllen.
Ich bitte dich für meine Lieben.
(Ich könnte das obige Segensgebet über jede/n einzelne/n sprechen):
»Der Herr segne dich und behüte dich ...«
Herr, segne auch meine Arbeitskollegen/innen,
alle Menschen, die zu mir gehören.
Ich bitte auch für die Menschen in Not:
die Einsamen, die Flüchtlinge, die Kranken ...
Herr, erfülle mit deinem Segen die ganze Schöpfung.
Amen.

IMPULS FÜR DEN TAG

Heute die Menschen, die mir begegnen, segnen.

Er hat doch dich

EINSTIMMUNG

Ich komme zur Ruhe und bete im Atemrhythmus:
Komm, Herr Jesus. Amen.

IMPULSE ZUR REFLEXION UND MEDITATION

Ein Mann kam aufgeregt zu einem Sufi und sagte zu
ihm: »Ich habe gesehen, wie meiner Nachbarsfamilie
das Haus abgebrannt ist. Nichts haben sie mehr; die
ganze Familie steht in der Kälte. Wie kann Gott das
zulassen? Warum tut er nichts?«
Der Sufi sagte kein Wort.
In der folgenden Nacht hatte der Mann einen Traum.
Ein Bote Gottes stand vor ihm und sprach: »Du fragst,
warum Gott nichts tut ... Siehst du nicht, wie Gott
handelt? Er hat doch *dich* geschaffen!«

• Ich lasse den Text bei mir ankommen.

Gott bezieht uns ein in die Gestaltung, Verwandlung
und Erlösung der Welt. Wir dürfen mit ihm zusammenwirken, damit alle Menschen ihrer hohen, göttlichen Würde entsprechend leben können und Anteil
erhalten an der Lebensfülle, die Jesus Christus uns
verheißen hat. Der französische Dichter Paul Claudel
schreibt:
»Jesus Christus hatte nur 33 Jahre auf dieser Erde. Das
hat ihm nicht gereicht, um allen zu helfen. Er hat
nicht lieben können wie eine Mutter; dazu braucht er

die Mütter. Er hat nicht für eine Familie sorgen können; dazu braucht er Väter. Er hat nicht den Kranken unserer Zeit helfen können; dazu braucht er Ärzte und Krankenschwestern. Er hat nicht das Brot für alle brechen können; dazu braucht er Priester. Der Herr braucht dich, um das, was er begann, in dieser Welt weiterzubauen. Der Herr braucht uns, um Wunder zu wirken, Wunder der dienenden Liebe und der Güte, Wunder des Friedens. Der Herr will durch unsere Herzen und durch unsere Hände die Welt menschlicher machen.«[70]

- Ich überlege,
    - wie ich durch Menschen Jesu Sorge für mich erfahren habe bzw. erfahre
    - wie Jesus durch mich gehandelt hat und wozu er mich jetzt braucht
    - wie ich noch mehr dazu beitragen kann, daß die Menschen, die mir begegnen, das heilende und befreiende Handeln Jesu erkennen.

Es ist ein großes Geschenk, daß Gott uns als begrenzte Menschen in sein kreatives Tun, sein Schaffen und Erschaffen, sein Ordnen, Entfalten, Erneuern, Heilen und Heiligen der Menschen und der Welt einbezieht. Der Dogmatiker Michael Schmaus schreibt: »Das ist das tiefste Geheimnis des Christen, daß Christus sein Leben ist und er doch Person bleibt, ja daß er, wie Augustinus sich ausdrückt, Christus ist und doch nicht aufhört, er selbst zu sein.«[71]

Paulus sagt:
Nicht mehr ich lebe,
sondern Christus lebt in mir.
(Gal 2,20)

GEBET

Herr Jesus,
gib, daß ich heute die Welt betrachte
mit Augen, die voller Liebe sind.
Laß mich meinen Nächsten
als den Menschen empfangen,
den du durch mich lieben willst.
Schenke mir die Bereitschaft,
ihm mit Hingabe zu dienen und alles Gute,
das du in ihn hineingelegt hast, zu entfalten.
Vor allem bewirke, o Herr,
daß ich so voller Freude und Wohlwollen bin,
daß alle, die mir begegnen,
deine Gegenwart und deine Liebe spüren.
Bekleide mich mit dem Glanz deiner Güte,
damit ich dich heute offenbare.
Amen.

(Nach Mirjam von Abellin)

IMPULS FÜR DEN TAG

Heute bewußt so handeln, wie Jesus an meiner Stelle
handeln würde.

Wo sonst?

EINSTIMMUNG

Ich komme an, ich komme zur Ruhe, ich komme zu mir, ich komme zu Gott.

IMPULSE ZUR REFLEXION UND MEDITATION

In Diskussionen, Gesprächen, Zeitschriftenartikeln schwingt immer wieder die bange Frage mit: Wohin steuert unser Land, wohin steuert Europa, die Welt? Entfernen wir uns nicht immer weiter von Gott?
Im Geistlichen Zentrum Sasbach gibt es seit einiger Zeit eine Initiative, die viele Menschen anspricht: »Anders leben lernen«. In den Herzen der Menschen bricht eine neue Sehnsucht nach Kontemplation auf, nach der einigenden Mitte in der unübersehbaren Vielfalt, nach Frieden und Ruhe in Hektik und Lärm, nach Verbundenheit mit Gott und den Menschen in aller Zerstreuung. Nicht nur gewisse Zeiten des Tages und der Woche dem Gebet widmen, sondern so leben, daß der Alltag selbst zum Ort der Gottesbegegnung und zum Gottesdienst wird.

• Spüre ich eine ähnliche Sehnsucht in mir?

»Wenn ihr zur Kontemplation gelangen wollt«, rät Carlo Caretto, »dann müßt ihr vom ersten Schritt ausgehen, das heißt die ganze Wirklichkeit annehmen: den Wind und den Regen annehmen, Schmerz und Freude annehmen, verstehen, daß alles Wirkliche ein großes Gleichnis ist, in dem sich Gott uns zeigt und mit dem sich Gott uns offenbart.«[72] Das heißt auch, mit Jesus unsere verworrene, verirrte Welt mitleidend und mittragend anzunehmen.

• Ich überlege, welche Bereiche meiner Wirklichkeit ich noch nicht oder nicht ganz annehme.

Wer kontemplativ mitten in der Welt leben will, sehnt sich danach, mit Gott zu leben, und zwar überall und immer. Den Alltag selbst betend zu bestehen, das ist der zweite Schritt. »In der Banalität des Alltags beten heißt, den Moment zum Gebet zu nützen, der uns gegeben ist, nämlich den Augenblick der Gegenwart. Hier ist die Nahtstelle ... Nicht gegen oder trotz der Armut des Alltags gilt es zu beten, sondern sie als besonderen Ort des Gebetes zu sehen« (Angelika Daiker)[73]. Der dritte Schritt liegt darin, die uns umgebende Wirklichkeit so wach und tief zu erleben, daß sie für uns zum Kairos der Begegnung mit Gott wird, das heißt, den gewöhnlichen Alltag außergewöhnlich zu leben. Ein Beispiel:
»Spätschicht in der Druckerei. Stehe an der Maschine. Zwischendurch kann ich etwas aufschreiben: Da-sein. Mitten in den Zwängen. Miteinander reden können wir kaum. Was verbindet uns? Wir sind das Leben zwischen all den leblosen, ratternden Maschinen und Abläufen. ... WIR SIND. Mensch, wir sind da! Und in uns und durch uns der ICH-BIN-DA ... Mensch, unsere göttliche Würde! Wie sie einfach so da ist. Wenn auch immer gefährdet. Kontemplativ leben – oder nicht mehr sein? Ja, ich finde, das stimmt« (G. L.).[74]

• Ich gehe im Geist durch die Räume, in denen ich lebe, und mache sie mir als Orte bewußt, an denen Gott mir begegnen will.

Als Jakob nach Haran unterwegs war, hatte er auf dem Weg einen Traum, in dem ihm Gott begegnete. Gott sprach: »Ich bin mit dir, ich behüte dich, wohin du auch gehst« (Gen 28,15). Jakob erwachte und rief:

Wirklich, der Herr ist an diesem Ort, und ich wußte es nicht ... Hier ist nichts anderes als das Haus Gottes und das Tor des Himmels.
(Gen 28,16 f)

»Jeder Ort ist heiliger Boden, denn jeder Ort kann Stätte der Begegnung werden, der Begegnung mit göttlicher Gegenwart. Sobald wir die Schuhe des Darangewöhnt-Seins ausziehen und zum Leben erwachen, erkennen wir: Wenn nicht hier, wo sonst? Wann, wenn nicht jetzt? Jetzt, hier oder nie stehen wir vor der letzten Wirklichkeit« (David Steindl-Rast).[75]

GEBET

Ich bete wiederholend:
Wirklich, Herr, du bist an diesem Ort,
und ich weiß es nicht.
Hier ist das Haus Gottes und das Tor des Himmels.

IMPULS FÜR DEN TAG

Oft innehalten und wach werden für die Begegnung mit Gott.

Verwandlung

EINSTIMMUNG

Ich beginne wie gewohnt und warte, bis ich ganz da bin.

IMPULSE ZUR REFLEXION UND MEDITATION

Der Paläontologe und Theologe Pierre Teilhard de Chardin hatte einmal in einer Dorfkirche, während er betete, eine Schau. Er sah die Verwandlung der Welt durch Jesus Christus. Während er auf die Hostie in der Monstranz schaute, hatte er den Eindruck, daß sich ihre Oberfläche in den Raum hinein ausweite. Er schreibt: »So umhüllte mich ... der Strom von Weiße, er ging über mich hinaus und überflutete alle Dinge. ... Es war, als ob eine milchige Klarheit das Universum von innen her erleuchtete ... Durch die geheimnisvolle Ausweitung der Hostie also war die Welt aufgeglüht – in ihrer Totalität, ähnlich einer einzigen großen Hostie.«[76]

Teilhards großartige Vision zeigt, was wir als Christen erhoffen, aber noch nicht sehen: daß die ganze Schöpfung, die so sehr seufzt und in Wehen liegt (vgl. Röm 8,22), von Gott schon angenommen ist und Anteil an seiner Herrlichkeit hat. Gott ist in der Schöpfung verborgen zugegen, und auch der Prozeß ihrer Verwandlung ist uns verborgen. Was wir sehen, sind Auswirkungen, Zeichen seiner Gegenwart und Freundschaft. Das Wunder der Verwandlung der Welt zeigt sich in dichtester Form, in einem greifbaren und zugleich unbegreiflichen Zeichen, als Realsymbol, in der heiligen Eucharistie.

- Ich versuche dieses Zeichen als Zeichen der Freundschaft Jesu zu mir zu verstehen, das auch meine Verwandlung bewirkt.

Die Eucharistie, das unbegreifliche Freundschaftszeichen Gottes, »ist personale Begegnung mit Jesus Christus ... In der Liebe Jesu, die im Brot greifbar und sichtbar ist, können unsere Wunden ausheilen, da bekommen wir einen andern Blick für unsere Einsamkeit, für unsere Ängste, für unseren Ärger. Wir schauen auf den, der uns liebt. Wir müssen nichts tun als zu schauen ... Da kann mein Herz bei Christus zur Ruhe kommen« (Anselm Grün).[77]

Die personale Begegnung mit Jesus und seine Anbetung, besonders bei der heiligen Kommunion, hat nicht »nur einen individuellen Charakter. Wir schauen in ihr auf die gesamte Welt, auf die Menschen um uns herum und auf den Kosmos mit den unzähligen Gestirnen und Sonnensystemen. Wir sind bei der Anbetung am Puls der Zeit, im Herzen der Welt, an der Schaltstelle des Kosmos. Im Innersten der Welt schauen wir auf die verwandelte Hostie und wissen, daß sie wirklich der Urgrund ist, das Herz aller Dinge, daß unter der Oberfläche von Konflikten und Kämpfen Christus als die Mitte liegt, der den Untergrund schon verwandelt hat und nun die ganze Welt mit dem Schimmer seiner göttlichen Liebe durchdringen möchte« (ebd.).

- Ich halte ein und lasse die Gedanken bei mir ankommen.

147

Da Christus selbst die Welt angenommen und erlöst hat, darf ich vertrauensvoll für unsere Welt hoffen. Ich darf seine Einladung zuversichtlich annehmen, durch Gebet und Dienst an seinem großen Erlösungswerk mitzuwirken. So werde ich mit der »großen Schar aus allen Völkern und Nationen« in die Anbetung Gottes einstimmen.

Ich (Johannes) sah: eine große Schar aus allen Nationen und Stämmen, Völkern und Sprachen ...
Sie riefen mit lauter Stimme:
Die Rettung kommt von unserem Gott,
der auf dem Thron sitzt, und von dem Lamm ...
Sie ... beteten Gott an und sprachen:
Amen, Lob und Herrlichkeit, Weisheit und Dank,
Ehre und Macht und Stärke unserem Gott
in alle Ewigkeit. Amen.
(Offb 7,9 ff)

GEBET

Jesus hört nicht auf, uns zu ermutigen, den Vater zu bitten. Die Bitte vollendet sich im Dank und in der Anbetung. Ich lese langsam und wiederholend den obigen Schrifttext, bis mein Herz einstimmen kann in die Anbetung der großen Schar.

IMPULS FÜR DEN TAG

Ich überlege, wo die Anbetung in meinen Leben Raum hat und wann/wie in unserer Pfarrgemeinde regelmäßig eucharistische Anbetung angeregt werden könnte.

Rückblick auf die Woche

EINSTIMMUNG

Ich mache mir bewußt, wie kostbar die Zeit ist, die ich jetzt zur Verfügung habe – Zeit für mich, Zeit für Gott.

ICH ERINNERE MICH DARAN, DAß GOTT ZUGEGEN IST

Seine Augen ruhen auf mir; ich werde ruhig unter seinem Blick und öffne mich für das, was er mir schenken will.

ICH SCHAUE MIR DIE NOTIZEN DER VERGANGENEN WOCHE AN

Wo habe ich in dieser Woche Gottes Nähe gespürt
  - durch gute Menschen
  - durch ein Schriftwort oder im Gebet
  - in der Natur
  - in Leiden und Schwierigkeiten
  - in meiner Arbeit ...?

ICH BETRACHTE MEINE INNERE UND ÄUSSERE LEBENSFORM

- Wie will ich meine neue Lebensform konkret gestalten?
- Welches sind die nächsten Schritte? Welche Hilfen brauche ich?

ICH MACHE EINEN KONKRETEN PLAN

Ich halte meine Vorsätze eher durch, wenn ich mir *eine* konkrete Sache vornehme, die ich auch durchhalten kann.

GEBET

Fremd bist Du mir und vertraut,
und so nah, daß ich Deinen Hauch
spüren müßte.
Meine Schritte begleitest Du mir,
gehst voraus, gehst mir nach ...
Leite die Schritte meiner Füße,
bis ich den Boden unter den Füßen
als meine Heimat erkenne.

(Otto Betz)[78]

Kreuzzeichen

Die Liebe lebt von Zeichen. Als Zeichen der unbegreiflichen Liebe Gottes verehren wir das Kreuz. Es ist Heilszeichen und Ärgernis zugleich, steht es doch für die Passion Jesu und der ganzen Menschheit. Liebe und Leid gehören zusammen, denn die Liebe lebt vom Opfer.

Auch die Rose mit ihren Dornen ist Symbol der Liebe und des Leids. Sie weist in ihrer vollkommenen Schönheit über das irdische Leben hinaus auf den Tod hin, auf die Vollendung der Liebe in der Ewigkeit. Ebenso symbolisiert der Kranz ewige Liebe, ewiges Leben. Die Kreisform ohne Anfang und Ende ist Zeichen der Ganzheit, der Einheit, des Göttlichen.

Wie in einem Kranz von Rosen betrachten Christen die Geheimnisse des Lebens Jesu mit den Augen seiner Mutter Maria. Er, der göttliche Mensch, die Vollendung auch unseres Lebens, wurde aus dem Wurzelstock Marias, der Rose ohne Dornen, hervorgebracht. Wenn wir in dieser Karwoche die Geheimnisse des schmerzhaften Rosenkranzes betend meditieren, schauen wir in Jesus Christus unser eigenes Leben und das Leben schlechthin. Immer wieder wird unser Leben durchkreuzt, immer wieder stehen wir fassungslos vor den Zeichen des Kreuzes, vor Menschen, die in Todesangst sind, die verwundet, geschlagen, geächtet das Kreuz ihres Lebens tragen müssen, die dem Tod ausgeliefert sind.

In den Geheimnissen des Rosenkranzes sehen wir im Glauben: Alles ist Gnade, auch das Leiden und Sterben, alles wird verwandelt, »im Tod ist das Leben«.

*Ich aber will mich allein des Kreuzes Christi,
unseres Herrn, rühmen,
durch das mir die Welt gekreuzigt ist
und ich der Welt.*

(Gal 6,14)

Jesus, der für uns Blut geschwitzt hat

EINSTIMMUNG

Ich schaue mit den Augen des Herzens auf das Altarbild »Jesus am Ölberg«[79]:

- Ich betrachte den Evangelientext, als wenn ich bei dem Geschehen anwesend wäre; ich kann auch mit den Augen Marias das Leiden Jesu betrachten:

Jesus ging zum Ölberg; seine Jünger folgten ihm. Dann entfernte er sich, kniete nieder und betete: Vater, wenn du willst, nimm diesen Kelch von mir! Aber nicht mein, sondern dein Wille soll geschehen. Und er betete in seiner Angst noch inständiger, und sein Schweiß war wie Blut, das auf die Erde tropfte.
(Vgl. Lk 22,39 ff)

- Ich schaue in Jesus mein eigenes Leben: meine Angst, mein Ringen um den Willen Gottes, meine Ausweglosigkeit und Verlassenheit ...
  »Des Glaubens Nacht ... In der Nacht von Gethsemani vollzieht sich die Vereinigung mit Gott: wenn die letzten Freunde schlafen, wenn andere deinen Untergang suchen, die meisten keine Notiz von dir nehmen und Gott schweigt« (Dag Hammarskjöld).[80]
- Ich schaue in Jesus das Leiden der Menschheit: Ich denke an Menschen, deren Angst ich ahne, deren Widerstände gegen ihr schweres Schicksal ich kenne, um deren Existenznöte und Sorgen ich weiß ...
- Ich mache all dies zum Gebet.

IMPULS FÜR DEN TAG

Heute im Blick auf Jesus am Ölberg meine Angst vor Leiden und Tod annehmen.

Jesus, der für uns gegeißelt worden ist

Einstimmung

Ich nehme mir Zeit, das Bild »Jesus an der Geißel-säule«[81] zu betrachten.

- Ich schaue die Gestalt Jesu, gebunden an die Geißel-
säule, ich betrachte sein Gesicht, seinen Leib, be-
deckt mit Wunden.
- Dann sehe ich auf die Menschen, die ihn umgeben
und ihn quälen. Ich betrachte ihren Gesichtsaus-
druck, die Folterwerkzeuge in ihren Händen, ihre
Arme und Hände, die zuschlagen.
- Ich öffne mich für den Schrifttext und stelle mir
vor, bei dem Geschehen zugegen zu sein.

*Als Pilatus sah, daß ... der Tumult immer größer wur-
de, ließ er Wasser bringen, wusch sich vor allen Leu-
ten die Hände und sagte: Ich bin unschuldig am Blut
dieses Menschen. Das ist eure Sache! ... Darauf ließ er
Barabbas frei und gab den Befehl, Jesus zu geißeln.*
(Mt 27,24 ff)

- Ich schaue im gegeißelten Jesus auch mein eigenes
Leben: die Wunden, die man mir geschlagen hat,
meine noch nicht vernarbten Verletzungen, meine
Niedergeschlagenheit, die immer wieder durch-
bricht ... Ich vergebe allen.
- Ich denke an die Wunden, die ich anderen zugefügt
habe, die Jesus auf sich genommen hat, und bitte
um Verzeihung.
- Ich danke Jesus, daß er auch für mich die Geißelung
auf sich genommen und mich geheilt hat: »Durch
seine Wunden sind wir geheilt« (vgl. 1 Petr 2,24).
- Ich schaue in Jesus die Menschen in der weiten
Welt, die gefoltert werden. Ich stelle Jesus die
mißhandelten Kinder und Frauen vor, die Menschen, die unter der Geißel des Krieges leiden ...

Heute keinerlei Gewalt anwenden, weder in Gedanken noch in Worten oder Taten.

Jesus, der für uns mit Dornen gekrönt worden ist

EINSTIMMUNG

Ich setze mich an meinen gewohnten Platz und sammle mich. Dann lege ich die Hände kreuzförmig übereinander wie auf der Statue »Le Christ de Pitié«[82] und schließe die Augen.

- Nach einer Weile richte ich die Augen auf das Bild. Ich betrachte die entblößte Gestalt Jesu, sein Angesicht, die Dornenkrone.
- Ich lese den folgenden Schrifttext und lasse ihn – Satz für Satz, Wort für Wort wiederholend – auf mich wirken.

Die Soldaten flochten einen Dornenkranz, den setzten sie Jesus auf und grüßten ihn: Heil dir, König der Juden! Sie schlugen ihm mit einem Stock auf den Kopf und spuckten ihn an, knieten vor ihm nieder und huldigten ihm.
(Vgl. Mk 15,17 ff)

GEBET

Jesus, du bist einsam und allein
in deiner furchtbaren Not.
Die Soldaten verachten und verspotten dich.
Deine Jünger haben dich verlassen.
Jesus, dir sind die Hände gebunden.
Du greifst nicht ein.
Duldend, liebend nimmst du dein Schicksal an.
Herr, du kennst den Konkurrenzkampf des Lebens.
Der Drang nach Geltung und Vorrang
macht unsere Herzen hart.
Du weißt, wie es in uns aussieht, wenn wir uns an den Rand gedrängt fühlen, verlacht oder nicht ernstgenommen werden.
Die Dornen des Lebens lasten auf dir;
sie verletzen dich.
Bis heute leidest du
in deinen Brüdern und Schwestern,

in den Behinderten, Aussteigern, Außenseitern,
in uns allen.
Laß mich auf dich schauen, auch in meinem Leid,
in Mißachtung und Gleichgültigkeit.
Laß mich dich erkennen in allen, die leiden. Amen.

IMPULS FÜR DEN TAG

Heute ein offenes Auge für die Leidenden haben und
mein eigenes Leid mit den Leiden Jesu verbinden.

Jesus, der für uns das schwere Kreuz getragen hat

EINSTIMMUNG

Ich beginne wie gewohnt, lasse alle Anspannung mit meinem Atem abfließen und komme zur Ruhe.

- Ich nehme mir Zeit, das Bild[83] anzuschauen. Dann schließe ich die Augen und schaue das Bild in meinem Innern.
- Wo ist dieses Bild ein Anruf an mich?
  Welches Kreuz soll ich annehmen, umfassen?

Der Kreuzweg ist ein einsamer Weg voll Mühsal und Bitterkeit. Unsere Kreuzwege werden nicht anders sein:

»Die Hände der Lebenden die sich ausstrecken
ohne uns zu erreichen
sind wie die Äste der Bäume im Winter.
Alle Vögel schweigen.
Man hört nur den eigenen Schritt
und den Schritt den der Fuß
noch nicht gegangen ist aber gehen wird.
Stehenbleiben und sich Umdrehn
hilft nicht. Es muß
gegangen sein.«
(Hilde Domin)[84]

Jesus trug sein Kreuz und ging hinaus zur sogenannten Schädelhöhe, die auf hebräisch Golgota heißt.
(Joh 19,16 f)

- Ich betrachte betend, wie Jesus sein Kreuz umfaßt – auch für mich.
- Wo bin ich gerufen, einem Menschen das Kreuz tragen zu helfen?

IMPULS FÜR DEN TAG

Heute das, was mir schwerfällt, bereitwillig annehmen.

Jesus, der sich selber gibt im Brot

EINSTIMMUNG

Heute, am Gründonnerstag, folgen wir dem liturgischen Geschehen und betrachten Jesus, der sich selber gibt im Brot.
Ich setze mich aufrecht und spüre, wie ich mich vorfinde. Ich warte, bis ich zur Ruhe gekommen bin.

IMPULSE ZUR REFLEXION UND MEDITATION

Die folgende Meditation kann mir helfen, mich für Wahrheiten zu öffnen, die in die Tiefen des Seins reichen. Ich nehme mir Zeit, das folgende Gebet mit dem Herzen aufzunehmen; dabei spüre ich den einzelnen Bildern und Aussagen nach.

Der mystische Leib

»Das ist mein Leib« (Lk 22,19),
das ist dein Leib, ... unser Leib,
eins geworden in dem Einen.

Dich
in der Kommunion empfangen,
heißt
die gesamte Menschheit
empfangen
und dazu alles andere.
Meine Kommunion mit dir
bedeutet Kommunion
der Menschen untereinander.

Zentrum des Universums ...
Herz Gottes im Zentrum des Universums!
Dein rhythmisches Schlagen belebt das Sein.
Nur in diesem offenen und brennenden Herzen
läßt sich der kühnste Liebestraum erfüllen:
Einem Einzelnen alles sein
und zugleich allen anderen
in der Einswerdung aller.

Mich dir hinzugeben heißt, jedem Wesen begegnen
in dessen Seelengrund.
Herz mit Herz vereint in einem Leib
für kosmische Zeiten und Ewigkeiten.
Dich empfangen, heißt die Welt empfangen,
heißt Einswerdung mit allen Generationen,
mit jedem Mann, jeder Frau, jedem Kind.

Mich an dich verlieren
heißt, mich in dir zu finden und in ihnen allen,
erweitert ins Unendliche
und vervielfacht mit den Dimensionen des Alls,
denn als Gegengabe für meine Einzelseele
erhalte ich die Seele der Welt zur Vereinigung.

Alles verlieren bedeutet alles gewinnen.
In deinem Leib gibt und empfängt sich jeder,
in deinem Leib verliert und findet sich alles.
In deinem Leib weichen Hindernisse und Schranken,
und Entfernungen schwinden,
in deinem Leib lösen sich unsere Ketten,
und der Raum dehnt sich ins Grenzenlose.

In deinem Leib erlischt alles Zeitliche,
denn im Zentrum des Seins
tauchen wir ein ins Ewige,
in deinem Leib werden wir aufgenommen
vom Herzen Gottes.

(Nach Henri Boulad)[85]

Ich könnte diesen Text in der eucharistischen Anbetung nach der Abendmahlsfeier betend betrachten oder mit einer Aussage des Textes, die mich angesprochen hat, durch den Tag gehen.

Jesus, der für uns gekreuzigt worden ist

EINSTIMMUNG

Ich schaue still auf das Bild des Gekreuzigten.[86]

IMPULSE ZUR MEDITATION

Dieses Bild vor Augen, betrachte ich Jesu Sterben am Kreuz, das Markus mit wenigen Worten berichtet.
Es war die dritte Stunde, als sie ihn kreuzigten. In der neunten Stunde rief Jesus mit lauter Stimme: Eloï, Eloï, lema sabachtani?, das heißt übersetzt: Mein Gott, mein Gott, warum hast du mich verlassen?
(Mk 15,25.34)

• Sechs lange Stunden hing Jesus am Kreuz. Mit Maria, seiner Mutter, versenke ich mich still – solange wie möglich – in Jesu Sterben für uns, für mich.

Simone Weil hat Augenblicke des äußersten Schmerzes in ihrem Leben liebend durchlitten und ihre Erfahrung beschrieben: »Es ist das Unglück selbst, in dem die Barmherzigkeit Gottes erstrahlt, auf seinem innersten Grunde, im Zentrum seiner untröstbaren Bitternis. Fällt man, in der Liebe bleibend, bis zu dem Punkt, wo man den Schrei: ›Mein Gott, warum hast du mich verlassen?‹ nicht mehr zurückhalten kann, und verharrt man dann an diesem Punkt, ohne zu lieben aufzuhören, so berührt man am Ende etwas, das nicht mehr Unglück ist, das auch nicht Freude, sondern das das reine, übersinnliche, Freude und Leid gemeinsame, innerste, wesentliche Wesen ist und das die Liebe Gottes selbst ist ...
Die Erkenntnis dieser Gegenwart Gottes ... nimmt dem Unglück nichts von seiner entsetzlichen Bitternis ... Aber man weiß mit Gewißheit, daß Gottes Liebe zu uns die eigentliche Substanz dieser Bitternis ... ist. Ich wünschte aus Dankbarkeit, daß ich fähig wäre, hiervon ein Zeugnis zu hinterlassen.«[87]

GEBET

Ich versuche mit Maria liebend bei Jesus zu bleiben – unter dem Kreuz.

IMPULS FÜR DEN TAG

Mich betreffen lassen vom Leiden Jesu und der Menschen.

167

Jesus, für uns begraben

EINSTIMMUNG

Ich setze mich aufrecht hin und verharre eine Weile in der Stille. Was mich noch stört, lasse ich mit dem Atemstrom abfließen.

IMPULSE ZUR MEDITATION

- Ich lese aufmerksam und wiederholend den folgenden Schrifttext und lasse ihn in mir nachklingen.

Josef von Arimathäa nahm den Leichnam Jesu und hüllte ihn in ein reines Leintuch. Dann legte er ihn in ein neues Grab ... Er wälzte einen großen Stein vor den Eingang des Grabes und ging weg.
(Mt 27,59 f)

- Nun wende ich mich dem Bild[88] zu und betrachte es in Ruhe.
- Ich lasse die Gefühle zu, die beim Gedanken an Tod und Begräbnis in mir aufsteigen.
- Ich bete darum, glauben zu können, daß Jesus auch in meinem Herzen auferstehen will, um in mir zum Leben zu erwecken, was tot und abgestorben ist.

»Nimm eine Kerze in die Hand
wie in den Katakomben,
das kleine Licht atmet kaum.
Und doch, wenn du lange gegangen bist,
bleibt das Wunder nicht aus«
(Hilde Domin)[89]

IMPULS FÜR DEN TAG

»Jeder ... Augenblick kann ein Augenblick
der Auferstehung zu einem neuen Leben sein ...
Auferstehen
aus dem Grab unserer Mißgestimmtheiten,
aus dem Grab unserer Resignation,
aus dem Grab unserer Mutlosigkeit,
aus dem Grab unserer Herzenshärte,
aus den tausend als sinnlos erfahrenen Situationen.«
(Bernhard Glatz)[90]

Siegeszeichen

Großer Gott meines Lebens, ich will dir lobsingen an
allen drei Ufern deines einigen Lichts!
Ich will mit meinem Lied ins Meer deiner Herrlichkeit
springen: unterjauchzen will ich in den Wogen deiner Kraft!
Du goldener Gott deiner Sterne, du rauschender Gott
deiner Stürme, du flammender Gott deiner feuer-
speienden Berge,
Du Gott deiner Ströme und deiner Meere, du Gott aller
deiner Tiere, du Gott deiner Ähren und deiner
wilden Rosen;
Ich danke dir, daß du uns erweckt hast, Herr, ich danke
dir bis an die Chöre deiner Engel.
Sei gelobt für alles, was da lebt!
Du Gott deines Sohnes, großer Gott deines ewigen Er-
barmens, großer Gott deiner verirrten Menschen.
Du Gott aller, die da leiden, du Gott aller, die da ster-
ben, brüderlicher Gott auf unsrer dunklen Spur:
Ich danke dir, daß du uns erlöst hast, Herr, ich danke
dir bis an die Chöre deiner Engel.
Sei gelobt für unsre Seligkeit!
Du Gott deines Geistes, flutender Gott in deinen Tie-
fen von Liebe zu Liebe,
Brausender bis hinab in meine Seele,
Wehender durch alle meine Räume, Zündender durch
alle meine Herzen,
Heil'ger Schöpfer deiner neuen Erde:
Ich danke dir, daß ich dir danke, Herr, ich danke dir bis
an die Chöre deiner Engel: Gott meiner Psalmen,
Gott meiner Harfen, großer Gott meiner Orgeln und
Posaunen,

Ich will dir lobsingen an allen drei Ufern deines einigen
   Lichts!
Ich will mit meinem Lied ins Meer deiner Herrlichkeit
   springen:
   unterjauchzen will ich in den Wogen deiner Kraft!

Gertrud von Le Fort[91]

Anmerkungen

[1] Verlag Herder, Freiburg 1992, S. 18

[2] In: Christ in der Gegenwart, Nr. 24/98, S. 193

[3] In: Peter Müller, Dem Leben Richtung geben, Kösel Verlag, München 1990, S. 22

[4] Aus Südamerika, Quelle unbekannt

[5] In: Peter Baumann, Der Wind ist unser Atem. Harmonie mit der Erde – Indianische Weisheitstexte, Verlag Herder, Freiburg 1998, S. 35

[6] Nach: Eine Minute Weisheit, Verlag Herder, Freiburg 1997, zitiert in: Christ in der Gegenwart, Nr. 27/1999, S. 222

[7] In: Jan Bots/Piet Penning de Vries, Moral und Erfahrung. Die geistliche Erfahrung als Quelle für das christliche Handeln in der Welt. Zur Theorie und Praxis der Unterscheidung der Geister, Verlag Butzon & Bercker, Kevelaer 2000, S. 147

[8] Aus einer Predigt am 25. Juli 1982 in Kornelimünster

[9] DuMont Verlag, Köln 1999, S. 237

[10] Fünf Stunden. Beim Surfen im Internet, in: Christ in der Gegenwart, Nr. 44/1999, S. 364

[11] Von der Krise zur Chance, Verlag Herder, Freiburg 1999, S. 111 f, 116

[12] Moral und Erfahrung, a. a. O., S. 272

[13] Nach Hermann Bezzel, in: Hermann-Josef Frisch, Du siehst mich nur in Spuren, Verlag Herder, Freiburg 1993, S. 170

[14] Nach Martin Buber, Werke III, München 1963, S. 348

[15] Einführung in das Christentum, Kösel Verlag, München 1968, S. 45

[16] Zeichen am Weg, Verlag Droemer/Knaur, München 1979, S. 107

[17] Der Christ und die Angst, Johannes Verlag, Einsiedeln 1954, S. 85 ff

[18] In: Gelassenwerden, hg. von Rudolf Walter, Verlag Herder, Freiburg 1996, S. 117

[19] Ruth Pfau, Verrückter kann man gar nicht leben, Verlag Herder, Freiburg 1995, S. 179 ff

[20] In: Christ in der Gegenwart, Nr. 27/99, S. 222

[21] © Sieger Köder, Stumpf Isais

[22] Brief zur Eröffnung des Konzils der Jugend, In: Das Unverhoffte gestalten, Verlag Herder, Freiburg 1974, S. 83 ff

[23] In: Gebete meines Lebens, hg. von Eleonore Beck, Schwabenverlag, Ostfildern 1999, S. 12 f (gekürzt)

[24] Foto privat

[25] Meine ganz persönliche Erfahrung, in: Mitten in der Welt 146, Aus der Geistlichen Familie von Charles de Foucauld, Herbst 1998, S. 3 f

[26] Gott heilt sein Volk. Glauben und gute Werke in biblischer, kirchengeschichtlicher und philosophischer Sicht, in: Christ in der Gegenwart, Nr. 45/99, S. 174

[27] In: Christ in der Gegenwart, Nr. 37/99, S. 297

[28] In: Herr da bin ich, Styria Verlag, Graz [23]1961, S. 116 ff

[29] Nach Eva Firkel, Die selbstbewußte Frau, Verlag Knecht, Frankfurt 1976, S. 18 ff

[30] Gouache von Sr. Evaldine Ketteler

[31] Quelle unbekannt

[32] Zitiert nach: Hans Urs von Balthasar, Klarstellungen, Johannes Verlag, Einsiedeln [4]1978, S. 64

[33] Ebd.

[34] Aus der französischen Zeitschrift »Prier«

[35] Ingeborg Holz, in: Gebete meines Lebens, a. a. O., S. 80

[36] In: Christ in der Gegenwart, Nr. 13/99, S. 112

[37] Auf dem Meditationsweg zu Maria, in: Komm in mir wohnen, hg. von Beda Müller, Schwabenverlag, Ostfildern 1993, S. 58 ff, gekürzt

[38] In: Hans Krömler, Horizonte des Lebens, Verlag Benziger/Vandenhoeck, Zürich [2]1977, S. 128 f

[39] Zeichen am Weg, a. a. O., S. 90

[40] »Sonne« von Jan Šplichal, aus: Ostern entdecken, © Christophorus Verlag, Freiburg i.Br., 4. Auflage 1983

[41] GL 6,6

[42] Quelle unbekannt

[43] Ich hörte auf die Stille, Verlag Herder, Freiburg 1978, S. 120 f, gekürzt

[44] In: Es gibt viele Wege zu Gott, Verlag Herder, Freiburg 1988, S. 94

[45] Das Gebetbuch der Bibel. Eine Einführung in die Psalmen, Bad Salzuflen 1961, S. 3

[46] Nach Anneliese Heine, Die Seele atmen lassen, in: Geist und Auftrag 2/99, S. 6

[47] In: Mitten in der Welt 129, Kontemplativ leben – oder nicht mehr sein, 33. Jg., Sommer 1994, S. 20 ff

[48] In: Mitten in der Welt 114, Heute lebendig glauben, 29. Jg., Herbst 1990, S. 27 f

[49] Die Kunst des Liebens, Ullstein Verlag, Frankfurt 1979, S. 145 ff

[50] Praxis der Kontemplation, Kösel Verlag, München 1994, S. 17 f

[51] Verlag Herder, Freiburg, S. 164

[52] Geborgenheit – Sehnsucht des Menschen, Verlag Herder, Freiburg, S. 109

[53] A. a. O., S. 200, 205

[54] Gottes große Überraschung – Sterben und was dann?, in: Wege zu Gott, hg. von A. Beck, LVH St. Ulrich, S. 34 ff

[55] Wenn alle Bilder zerbrechen, bleibt das Sein, in: Meditation 2/1997, S. 76 ff

[56] Unser heiliges Zentrum finden, Vier-Türme-Verlag, Münsterschwarzach 1998, S. 31 f, 12

[57] Ebd., S. 22 f

[58] Gott heiligt sein Volk, in: Christ in der Gegenwart, Nr. 45/99, S. 374

[59] Exerzitienbuch, übers. von H. U. von Balthasar, Johannes Verlag, Einsiedeln [6]1979, Nr. 53 f, 23

[60] In: Christ in der Gegenwart, Nr. 27/99, S. 223

[61] In: Werkheft GCL 3/99, S. 65

[62] Subiaco, 15. Jh., Foto privat
[63] Quelle unbekannt
[64] Hymnus zum Herz Jesu-Fest, in: Vigil-Wortgottesdienste vor Sonntagen und Hochfesten, © Christophorus-Verlag, Freiburg i.Br., 1. Auflage 1977
[65] Aus: Gebete meines Lebens, a. a. O., S. 130
[66] Geglücktes Menschsein, hg. von Theo Rombach, Verlag Herder, Freiburg 1987
[67] Johannes Haas, Meditatio in der Lectio Divina, in: Zeitschrift »Meditation«, 23. Jg., 1/1997, S. 23–26 (Text gekürzt)
[68] Das Buch von der Liebe, Peter Hammer Verlag, Wuppertal 1971, S. 32 ff
[69] Du bist der geliebte Mensch, Verlag Herder, Freiburg 1993, 57 f, S. 61
[70] Quelle unbekannt
[71] Katholische Dogmatik III/1, München 1940, S. 193
[72] In: Wer ist Jesus Christus?, hg. von Joseph Sauer, Verlag Herder, Freiburg 1977, S. 59 ff
[73] Ebd., S. 39
[74] In: Mitten in der Welt 129, 33. Jg., Sommer 1994, S. 3
[75] Staunen und Dankbarkeit, Verlag Herder, Freiburg 1996, S. 109
[76] Lobgesang des Alls, Walter Verlag, Olten 1964, S. 54 ff
[77] Gebet als Begegnung, Vier-Türme-Verlag, Münsterschwarzach 1990, S. 65 ff
[78] Auszug aus »Mein Engel«, aus :Gebete meines Lebens, a. a. O., S. 22 f
[79] Altarbild der Altenstädter Kirche, Hofgeismar (14. Jh.), Foto: Evangelisches Dekanat Hofgeismar
[80] A. a. O., S. 56
[81] Thomas-Altar von Meister Francke, um 1425
[82] Hôtel-Dieu, Beaune, Burgund, Foto privat
[83] © Sieger Köder, Er trug sein Kreuz. Kreuzweg Bensberg
[84] Auszug aus dem Gedicht »Die schwersten Wege«, aus: Hilde Domin, Gesammelte Gedichte, © S. Fischer Verlag GmbH, Frankfurt am Main, 1987
[85] Der mystische Leib, Tau Verlag, Wien ³1995, S. 195 ff
[86] Kreuz Schwesternhaus Oberalpfen, Foto privat
[87] Brief an P. Perrin vom 26.5.1942, in: Das Unglück und die Gottesliebe, Kösel Verlag, München 1953, S. 74 ff
[88] Foto privat
[89] Auszug aus dem Gedicht »Die schwersten Wege«, a.a.O.
[90] Quelle unbekannt
[91] Großer Gott meines Lebens, aus: Gertrud von Le Fort, Hymnen an die Kirche, Verlag Franz Ehrenwirth, 8. Auflage, München o. J., S. 59

Die Bibeltexte sind entnommen der Einheitsübersetzung der Heiligen Schrift. © 1980 Katholische Bibelanstalt, Stuttgart